U0583813

周易本经通诠

鲍扬倜 编著

九州出版社
JIUZHOUPRESS

图书在版编目（CIP）数据

周易本经通诠 / 鲍扬侚编著. --北京：九州出版
社，2017.11

ISBN 978 - 7 - 5108 - 6228 - 1

Ⅰ.①周… Ⅱ.①鲍… Ⅲ.①《周易》-研究 Ⅳ.
①B221.5

中国版本图书馆 CIP 数据核字（2017）第 257778 号

周易本经通诠

作　　者	鲍扬侚 编著
出版发行	九州出版社
地　　址	北京市西城区阜外大街甲 35 号（100037）
发行电话	（010）68992190/3/5/6
网　　址	www. jiuzhoupress. com
电子信箱	jiuzhou@ jiuzhoupress. com
印　　刷	北京九州迅驰传媒文化有限公司
开　　本	720 毫米 ×1020 毫米　　16 开
印　　张	13
字　　数	213 千字
版　　次	2017 年 12 月第 1 版
印　　次	2017 年 12 月第 1 次印刷
书　　号	ISBN 978 - 7 - 5108 - 6228 - 1
定　　价	38.00 元

★ 版权所有　侵权必究 ★

目　录

上　经

下　经

附 录

上　经

乾（卦一）

（乾下乾上）

乾：元亨，利贞。(1)

初九：潜龙，勿用。(2)

九二：见龙在田，利见大人。(3)

九三：君子终日乾乾，夕惕若。厉，无咎。(4)

九四：或跃在渊，无咎。(5)

九五：飞龙在天，利见大人。(6)

上九：亢龙，有悔。(7)

用九：见群龙无首，吉。(8)

[译文]

乾卦象征天，刚健的意思。得此卦，极亨通，有利于占问。

初九：象龙在潜伏着，不可妄动。

九二：象龙出现在田野上，有利拜见大人。

九三：君子整天自强不息，夜晚警惕着，即使有危险，也没有灾害。

九四：象龙一样或飞腾而起，或退处深渊，依时而定，没有灾害。

九五：象龙一样，飞上天空，有利见有德才的大人。

上九：象龙一样高飞穷极，将会有悔恨。

用九：（六爻全是阳爻，）象一群龙一样，不争做首领，这是吉利的。

[通诠]

（1）乾，卦名。乾的本义是向上冒出的意思。"从乙。乙，物之达也。

軋声。"（《说文》）乾是形声兼会意字。"軋"声符表示太阳始出，光闪闪的形象，乙表示植物从地底向上通达的样子。形如天，意为健，健行不息也。"元亨，利贞。"是卦辞，又名彖辞，彖是断定的意思，解释卦辞的总意义，元亨是偏正关系，元是至、极的意思，修饰亨通。利亨也是偏正关系，即有利于占卜问事。元，本义是人头，引申为最、至、极。亨，亨通。利，有利于。贞，从卜贝。本义为卜问。"利"字在经文中共五十八处，多作副词，一般不单独用（除了元攸利一句例外，此处利作名词）。古人对乾卦卦辞的解释为乾的卦德，在天时为春（开始）、夏（发展）、秋（成熟）、冬（收藏）。在人事为仁（元）、礼（亨）、义（利）、信（贞），今天孙熙国等学者将此解为：仁，开始，引申为仁善；亨，亨通，通达，引申为礼；利，道义适宜，引申为义；贞，正固，引申为信，有意将古今诠释结合起来。"兹数者合之一之，混之同之，融会贯通，遗貌御神，天人不分，陶冶既久，然后知此四字，已括尽易理，非言诠所能尽。（《周易尚氏学》卷一）四德、四季、四方、四数的诠释，已非本经的原意，有的与本经原意大相径庭。经文本言简意丰，在诠释上重原义（固有的、原始的意义），理解上允许兼容并蓄。易本为变化的总名、改换的殊称，是统摄物质世界的最高原法，是人们认识世界的一种思维模式，对周易诠释的多角度、广视野，也就不足为奇了。周易含义的丰富，体现了它的包容性、普遍性。

（2）初九，为爻辞的题名。初，代表最下面的一爻。九，代表阳爻，代表爻题的性质。自然数中，一至五为"生数"，生数中的一、三、五之和为"九"，故用"九"代表阳，二、四之和为"六"，用"六"代表阴。初二、三、四、五、上代表卦位。初、三、五为阳位，二、四、上为阴位。初为下位，二、五为中位（五为尊位）。初、二又称地位，三、四爻代表人位，五、上爻代表天位。初，代表在地底之下。潜，犹潜伏。龙，灵异之物，灵变不测。借龙以喻阳气。阳气始动于地下，不显，不发，不用，固本待时。勿用，不要妄动。此潜龙处在"德隐而未彰，潜而未达，待时而兴，循变而发"（杨树达的《周易古义》）之时。

（3）九二。九二为地位。见，同"现"。田，即地上。大人，大德之人，指处于高位、尊位的君子。见，也可释为拜见。九二、九五相应，有利见大人之象。阳气呈现在地上，必普利万物。民众见到大德之人，必获吉祥。

（4）九三，阳爻处阳位，阳为大为尊，有君子之象，刚而不居中，下不在田，上不在天，躁动不安，处于危厉之中。终日，整天。乾乾，勤奋不懈怠。夕，指夜晚。惕，警惕。若，形容词尾，如"然"。厉，危险。咎，灾害。九三处下卦之极，物极必反。人居高位，有危厉。此时，应按事物的发展阶段行事，白天勤奋不息，夜晚提高警惕。加上九三是阳居阳位，是当位。所以即使有危险，也不会有咎害。

（5）九四，四为柔位。九四处于上下卦之间，虽有不确定性，但其选择性也多。"或"有两种讲法：一为犹豫未定；二为或者，表列举。龙为两栖动物。跃，跳跃。渊，深潭。或者在跳（指未飞貌），或者在渊，可依时而进，自然无咎害。

（6）九五，五爻居天位，龙居天位，故称"飞龙"，五为高位、尊位。又居上卦中位，与九二处于同位（同为中位）。六爻中三与上同居上位，四与初同位（同居下位）。因为乾，象金、玉，又同为阳气。所以有"同声相应，同气相求"之说。"见"，一说为出现，一说为见到，均可。本书采用后说，利于见到有才德的人。

（7）上九，为天位，为天的极高处。亢，极高。阳气已处于极盛阶段，有物极必反之势。阳极变阴。"悔"，恨悔。亢，龙飞到极高处终有悔恨。

（8）用九，指所有的阳爻皆用九来表示。"九"为天德，其阳刚之性变为阴柔之态。"用"，有"同"的意思。用九即同九，用六（坤卦）即同六。六十四卦，每卦六爻，计三百八十四爻，但乾坤各多一爻，用九（乾）、用六（坤）。六、七、八、九，四数实为四象，六表示太阴，七表示少阳，八表示少阴，九表示太阳。太变少不变。七八之数为不变爻，九六之数为可变爻。乾坤卦为天地卦。太极（太一）生两仪，两仪生四象，四象生八卦，所以乾坤卦各多出一爻。天德不可为首，"无首"，即天道不是依靠某一个人来完成的，而是要靠众人方可完成。乾发展到了极致必须具备坤的品格，不争做首领正符合天德的要求。见，出现。出现群龙无首，切合天道运行的法则。

[品读]

乾卦的卦辞只有四个字，爻辞四十八字，全卦总计六十七字，但它统领着宇宙万物的运行。乾就是天，至大，至刚，至正，至健，运行不息，变化无穷,君子应象天那样自强不息。它刚健,光明,向上,利它,正直,创造就是它的特点。卦中有六龙出现,即潜龙——见(现)龙——惕龙——跃龙——飞龙——亢龙,实指事物发展的六个阶段:潜伏、出现、成长、曲折发展、鼎盛、盛衰,揭示了事物的基本特征和运行规律。初九处于卦中不利的位置,说明实现理想尚不成熟。此卦应处于夏历的十一月至十二月之间,阳气正在地底下,应隐忍待时,不宜妄动。九二有君德无君位,拜见大人来荐举是有利的。九三终日乾乾,自强不息,修身践行,大智大爱,进德修业,准备充分,待到九四已可自试其力,或跃或退,进退自如。及至九五,龙在天空自由飞腾,已成就大人之德,与天地合其德,与日月合其明,与四时合其序,与鬼神合其吉凶,对天道规律的运用十分自如。上九言巨龙飞到极高之处为什么会有悔恨发生呢?贵而无位,高而无民,贤人在下位而无辅,又不知进退存亡之理,就是亢的内涵。过分与过极,均违背自然之理。

乾卦先天数为一,一为形变之始,也为万物之始。道生一,一生二,二生三,三生万物。"天下之动贞夫一"。在象数学家认为,《周易》的象数思维的智慧就是化繁为简。"以制器者尚其象"。把宇宙的万事万物归为八类,而以八卦每卦统率一类。用象数体系建构宇宙的时空模型,正如五行家把宇宙万物分成金、木、水、火、土一样,五行的网络都是同构的。乾象天,邵雍《梅花易数》一书,将对应天地间万事万物的类别,分为二十七类。乾卦五行属金;五方,西北(后天八卦方位);时序,秋天,气候干燥;五色:金黄、大赤、玄色;五音为商;五味为辣;五情为悲;五官为鼻;五脏为肺;动物为马象;静物为金玉;人物为刚健;数字为一、四、九。如此等等,不一而足。利用偶然现象,借类比推理来完成预测。

从易理角度看,乾卦的内容可以用"天德"二字概括。其主旨是:"天行健,君子以自强不息。"如何自强不息呢?其常态行为应该是:爱心为本,宽厚待人,诚信为本,求真务实,取法天道,知进知退,厚德载物,大智大爱的仁人志士是君子自强不息应努力的达到的道德高度。

乾卦六爻纯阳,卦序为一,卦数一一,卦主九五。卦义刚健。干支庚申,人物男性。象解:六阳纯一天行健,风虎云龙聚会时。刚健身持恒不息,功成荣显决无疑。(引自林文崇的《易经学习实用手册》,其中个别字词酌情改动,如将"功名"改为"功成"。以下凡象解均出自该书,不再注明出处。)

　　乾卦讲的是刚健的道理。乾象为天，天的特点为刚健光明、向上、创造、正义（正直）。初九潜龙勿用，是为进德修业，待时而动，厚积薄发。九二见龙在田，可施展才华，崭露头角。九三终日乾乾，勤奋不止，还需小心谨慎，增强忧患意识。九四应认清时机，知进知退，方能避险。九五位尊权重，应自强不息，大展宏图，广纳英才，为民造福。上九为亢龙，全则必缺，极则必反，进退两难，应韬光养晦，积极应对。用九说明九可变六，刚可变柔，终可变初，终始相接，方可永恒。天道酬勤，光明灿烂，奋发向上，善利天下（善世而不伐），自我创新，刚正不阿。乾象六龙，能在不利环境中保存生命，以等待利于生命发展的时机到来，即"龙蛇之蛰，以存身也"。龙伸蠖屈，伸缩进退自如。及至"群龙无首"之时，万物各得其所，各得其宜，各尽所能。社会行为与天地系统保持和谐、均衡、统一，保合太和，善利天下，天下为公，世界大同。

坤（卦二）

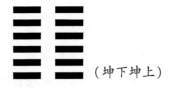
（坤下坤上）

坤：元亨，利牝马之贞。君子有攸往，先迷后得主，利。西南得朋，东北丧朋。安贞吉。[1]

初六：履霜，坚冰至。[2]

六二：直、方、大（衍字），不习，无不利。[3]

六三：含章，可贞。或从王事，无成有终。[4]

六四：括囊，无咎无誉。[5]

六五：黄裳，元吉。[6]

上六：龙战于野，其血玄黄。[7]

用六：利永贞。[8]

[译文]

坤卦象征大地柔顺的意思。占得此卦，有利于骑母马远行的人。君子出门前往，争先居首会迷途，自谦居后反而能够作主。有利去西南方向，会得到朋友或钱财；往东北方向，会丧失朋友或钱财。要是安居定宅，就吉祥。

初六：踩到霜时，坚冰将至。

六二：正直端方，只要不妄为，无所不利。

六三：含藏善德（不张扬），不把成功据为己有，这样能有好结果。

六四：束扎口袋，既无灾祸，又无赞誉。

六五：穿着黄色的裙子，最为吉利。

上六：象龙在郊野中搏斗，天上地下都是血。

用六：六爻都是阴爻，有利于永远保持正直之心。

[通诠]

（1）坤，卦名，象征母亲、母马。坤，顺的意思，帛书《周易》坤写作"川"，为顺的早期写法。《说文》坤，从土，从申。由申会意。因坤的位置在西南方位上。元亨，最顺。牝，读 pìn，雌性兽类。牝马，母马。贞，占问。攸，所。先，争先。后，居后。"先、后"均为动词。承乾为顺，不会迷失自我。朋，朋友（同门为朋），或曰朋贝（十朋为贝）。坤，与季节相配，为夏末秋初之季，此季节万物成熟。与八方相配，坤为西南方。八卦配八方：东（震）、东南（巽）、南（离）、西南（坤）、西（兑）、西北（乾）、北（坎）、东北（艮），时空一统，万物生生不息。履，踩踏。坚冰，坚硬的冰块。坤在申位，秋季，秋有霜。阴盛于坎（北方，冬季）。西南，阴方。东北，阳方。坤居西南，与同类并列。若居东北则为其偶，故终有庆。阳来顺应，行地无疆，故永远利于正固，还是安居不动，定然吉祥。

（2）初六，坤卦第一阴爻。位居第二阴爻称六二，第三阴爻名六三，第四阴爻称六四，第五阴爻称六五，居于一卦最上阴爻称上六。余卦均准此。履霜句，见象辞译文。端微势必盛。反映阴类事物发展规律。

（3）直，正直，刚直，正义。方，端方，方正。习，作为。不习，不妄作为。任其自然物自生，不加修营功自成。黄怀信认为"习"，借为"晳"（折），直而且方，若能折，自会有利。此说亦通。

（4）含，包含。章，文章，花纹。三阴爻断文似有章。象征美，包含文采。可占卜问事（因为坚守正固），或辅助君王做事，不把成功据为己有（谨守为臣之道），这样会有好的结果。

（5）括，扎紧。囊，口袋。咎，灾害，过失。誉，赞誉，美好的名声。谨于言慎于行，如同束紧口袋，不会有危殃，不求有功，不求赞赏。

（6）黄，中土为黄。土生万物，黄为中和之色，色中极贵。下衣为裳，象谦下之道。元吉，很吉祥。阴居刚中，柔居尊位。中美能黄，上美能元，下美则裳。居尊能谦，吉祥如意。

（7）阴居亢位，居亢不逊。龙战，群龙争战。玄，赤黑色。玄黄即青黄交杂。天为玄色，地为黄色。争强斗胜，其害无穷。阴极返阳，与阳争战于野，其血淋漓。二者既对立又统一，在对立中相互依存。

（8）用六，用，同。即六爻全阴。利，有利。永，长久。贞，占问。

以柔为正，以顺为本，有利于占问，也利于永久保持正直之心。"乾吉在无首，坤利在永贞（守正、秉诚、自信）"。

[品读]

坤象征大地，为土，为母。阳来顺承，因能而化，化故成形，乾变坤化，宇宙时空。乾亢则悔，坤极流血。坤道象征妻道，有安顺的性格，正直端方的仪态，含蓄内敛的德性，含弘光大的厚德，黄中通理，位居正体。至美之质，畅于四肢，发于事业。为大善之卦，跃然纸上。坤之大哉！坤地厚德载物，柔顺谦恭，与乾元资生万物，包容万类，不背阳而动，禀天承命，顺时而行，乾坤和合，世界共建。初六爻启示我们要见微知著，未雨绸缪。六二爻启示我们端方正直为人之本；顺势而动，不可妄为。六三含章可贞，抱柔守谦，不自矜其功，而无成有终。六四爻告诉我们，收敛锋芒，柔德退守，以柔克刚。六五爻位高德望，谦谦下人，必受拥戴。上爻说明阴盛已极，阳气渐升，龙战之象，两败俱伤。用六说明慎终如始，坚守正道，结果美好。

坤卦取类，五行属土，时序四季，形容柔软，方位西南，静中求谋，交易有利，宜见亲朋，脏腑膀胱，穴位照海，动物雌性，食物甘甜，颜色黄黑，数字二、五，性格安静。天干：己。地支：辰，戌，丑，未。卦主六二。人物女性。象解：六位纯阴地势坤，先迷后得永安贞。包容广纳无私曲，应地无疆道大亨。

坤卦易理的中心意思是：厚德载物。一方之土，载华岳而不重，振河海而不泄。博厚载物，即其意义所在。梁启超在清华大学演讲时说："坤卦图象是说君子接人待物，应当度量宽厚，如同广博的大地那样，什么都能承载。"泰山不择细壤，方能成其高，河海不择细流，方能成其深，海纳百川，其容乃大，乾大坤厚，阴阳之本，万物之宗。"天得一而清，地得一而宁"。因时论道，顺势而为。顺利，其意应以顺为前提，以利为结果。自强不息是精神，厚德载物是气度。一花独放不是春，一人好不是真好，大家都好才是真好。

乾坤同体，殊途同归。"承载万物如母德，肚大能容法象天。以柔克刚无不利，宁静谦虚万事成"。（《手册》）

六十四卦的每一卦共分几个部分

每一卦共有五部分组成：卦象、卦名、卦辞、爻题、爻辞。

卦象出现最早，置于每卦开始处。

卦辞是说明每卦的要义和判断吉凶的断语。

爻题由两部分组成：第一个字表示爻的性质，第二字表示爻的位次。用九表示阳爻，用六来表示阴爻。自然数一至五为生数，一、三、五是奇数，其和为九，九表示阳爻；二、四是偶数，用六表示阴爻。六个爻分别用初、二、三、四、五、上来表示。初表示起始期，上表示终结期，初还表示下位、人位，上还表示上位、天位。所以位次不用一、六，而用初与上表示。

爻辞是说明各爻的要义和判断吉凶的文辞。

屯（卦三）

（震下坎上）

屯：元亨，利贞。勿用有攸往，利建侯。[(1)]

初九：磐桓，利居贞，利建侯。[(2)]

六二：屯如邅如，乘马班如。匪寇，婚媾。女子贞不字，十年乃字。[(3)]

六三：即鹿无虞，惟入于林中。君子几不如舍，往吝。[(4)]

六四：乘马班如，求婚媾。往吉，无不利。[(5)]

九五：屯其膏，小贞吉，大贞凶。[(6)]

上六：乘马班如，泣血涟如。[(7)]

[译文]

《屯》：（得此卦）很好，有利于占卜问事。不要出门远行，有利于建国封侯。

初九：徘徊（难进），利于占问安居，利于建国封侯。

六二：象草木初生那样艰难，众人前进不了，有许多人乘着马车而来，他们不是来抢亲的，而是求婚的。占问女子不孕，十年才怀孕生了小孩。

六三：进山打猎没有虞官引导，进入深山老林找不到路。君子见机行事，不能盲目追逐，不如舍弃，盲目冒进会有危险。

六四：众人乘着马车而来是求婚的。答应他们，前去则吉，没有不利的。

九五：象囤积膏脂，占问小事有利，占问大事不吉。

上六：乘马盘桓徘徊，姑娘伤心，泪流如血涟涟。

［通诠］

（1）屯，音 zhūn，难也。象草木初生，屯然而难。（《说文》）如种子在地，积蓄力量，方可破土。用，施行。勿用，不要主动出征。攸，所，助词。动于坎险之中，雷雨交加之时。主动出征，极为不利。建，立。建侯，建立诸侯，扶助友朋。万物始生，生聚历险，不要有所往，宜建侯以守。

（2）磐，通盘。磐桓，徘徊。居，安居。阳居阴爻之下，以贵处贱，大得民心，故能建侯。（《新解》）

（3）屯，聚集。如，语气词。邅，音 zhàn，转动。班如，徘徊不进。屯如邅如，状难进貌。匪，通非，不是。（这是族外婚，当时十分艰难。）婚媾，即对偶婚（族外婚）。当时有劫夺婚。孕，怀孕。女子即姑娘。十年不孕更显艰难，唐明邦先生在《周易评注》中指出，十年乃孕，说明女子虽成年，男方是童子，尚未成年，因此女方十年乃孕。此说可供参阅。

（4）即，接近。即鹿，泛指狩猎。虞，虞人，古代掌管山泽、禽兽的官员。几，接近，求取。舍，舍去。往，前往。吝，穷困，困难。往而遇坎险，故吝。创业犹如狩猎。事业初成，应见机而动，不可盲动和冒进。

（5）六四当位，上比九五。处坎险之初，故犹如乘马盘旋而不进。众人纷纷乘马而来要求婚配（已有结盟之求），答应他们，自然吉利。

（6）屯，囤积，积聚。膏，用如动词，施膏泽。或指资财，引申为力量。小，力量小。贞，正，固大，力量大或指大事。草创艰难之时，应积蓄力量，力量小时，保守不动，吉利。力量大时仍应持守，否则有凶险。

（7）涟如，状血泪不止。泣血，无声泣血。乘马的人犹豫不进。阴属亢位，亢而不逊，或女子以己身许人，不遂此婚，或女子被动。悲痛之情，难于言表。

［品读］

混沌初开，万物始生，如种子在地，破土艰难。屯卦，下震上坎。坎为险，为洞穴；震为动，动处险中。为人类聚族而杂居之地。生产以采摘为主，狩猎为辅。

屯卦，卦义为难，阴阳战而后屯难生。时序为十二月，二阳四阴，五行属水，干支辛卯。（何中良《现代易学原理》一书有天干地支密码表，以下各卦均引此，不再注。）卦主初九、九五。象解："云雷屯卦无攸利，君子经纶维利贞。藏器待时资辅助，自然屯散道光亨。"（见《周易折中》《周易尚占》《河洛真数》《邵子易数》等书，以下各卦不再注明。）屯卦的易理可用经纶济世四字来概括。经本指纵向丝线，纶指青色丝线，经纶本指把横向青丝编织在纵向的丝线上。比喻理出乱丝的头绪，有序治理国家。将紊乱的秩序，整顿成有序的社会。

关于卦数，指卦的先天数。如乾卦数为一一，坤为八八，水雷屯卦数为六四。坎为水，先天数六；震为雷，先天数四。（以下各卦数均仿此，不再赘注。）

屯卦六四当位。什么是当位？阳爻处阳位，阴爻处阴位为当位。初、三、五等奇数，为阳位，二、四、六爻为偶数，为阴位。阳爻居初、三、五位，阴爻居二、四、六为当位。反之，则不当位。当位则吉，不当位其事则不利。

屯卦主要讲的草创艰难的问题，聚积力量，艰难创生。初九在徘徊不前时，坚守正道，稳步前进，前途光明。六二爻说明草创艰难，须耐心等待。六三爻告诉我们，遭遇到险境不可盲目乐观，当舍则舍，当止则止。六四爻启示我们，寻求合作，至关重要。九五爻要求我们，心系民生，广施恩泽。生命在艰难中发育，邦国在艰难中成立，多难兴邦。唯在艰难中才能展现经天纬地之才干。如何克坚历险？先要审视量力，不轻举妄动，缓图慢进。禀中正之德，怀惠爱之心，艰难困苦，玉汝于成。团结一切可以团结的力量，联合初九，夹攻中间三阴爻，各个击破，可化险为夷，转危为安。守正道，振精神，聚力量，艰难创生。

蒙（卦四）

（坎下艮上）

蒙：亨，匪我求童蒙，童蒙求我。初筮吉，再三渎，渎则不吉。利贞。[1]

初六：发蒙，利用刑人，用说桎梏。以往吝。[2]

九二：包蒙吉。纳妇吉。子克家。[3]

六三：勿用取女，见金夫，不有躬，无攸利。[4]

六四：困蒙，吝。[5]

六五：童蒙，吉。[6]

上九：击蒙，不利为寇，利御寇。[7]

[译文]

（得此卦）启蒙发稚，亨通。不是我求幼童，是幼童来求我（给他脱蒙）。初次占筮的结果，吉利。一而再再而三地占筮就有亵渎之疑（心不诚则不灵），亵渎就不吉利。心诚有利于占卜问事。

初六：启发蒙昧，利于用法式规范他们，利于受刑的人解除刑具。但不宜派往远方，如果再往前行就十分困难（因为难于管理，可能发生令人遗憾之事）。

九二：象包裹着蒙昧（使蒙昧人变成文明人），娶贤妻而获得吉利，儿子能够成家立业。

六三：不要娶那个女子，因为她看见有钱的美男子就背信弃义。所以娶她不吉利。

六四：受困于蒙昧，必然陷于困境。

六五：幼童受到启蒙，吉祥。

上九：治理蒙昧，不利为暴，利于止暴。

[通诠]

（1）蒙，蒙蔽，引申为蒙昧。蒙亦作为幼稚讲，指事物处于萌芽状态。匪，非。童蒙，幼小无知的儿童。求我，求师。初筮，第一次占筮。再，第二次占筮。三，第三次占筮。古代占筮，只占一次，已告吉凶。如初占不信，再三占筮，即亵渎神灵。亵渎神灵则不吉。开启蒙昧，要启发幼童主动学习，举一反三，尊师重道。如果强迫其学习，实际上丧失其自尊，亵渎了人格。卦辞提出了教育儿童的原则与方法。

（2）启蒙，启发蒙昧。"刑"，同型，指古代铸造器物的模具，引申为法式。刑人，以法式（规矩）来规范、规劝人。"说"，读为脱。如果脱离了规范（法纪），教育难于进行下去。教育应以树立典范为主，又以法纪教育为辅。这就是教育人的两种模式。桎梏，桎是足械，梏是手械，引申为纪律、规范。吝，困难。

（3）包，包容，包纳。包蒙，包容蒙昧的人。克，能够。子克家，儿子能够成家立业。

（4）取，娶。金夫，美男，以金喻美。躬，自身。不有躬，不有信。失信于人或委身他人。攸，所。

（5）困蒙，为蒙所困。吝，行事困难，陷入蒙昧之中，因为他远离师教，困而无助，昧而无师，穷困自取。

（6）童昧，未启蒙的儿童。幼儿无知，不知自我，天性纯真，故虚己从师，顺承师教。故吉。

（7）击，敲击，引申为治。击蒙，治理蒙昧。寇，盗寇，指盗寇为不义的强暴行为。御，抵御，禁止。御寇，制止强寇暴行之事。

[品读]

蒙，蒙昧。蒙，为物之初生未明。蒙也通"萌"，为草木初生之象。是讲师道育人之卦。二阳为启蒙者，四阴象征被启蒙者。蒙卦依次有发蒙、包蒙、困蒙、童蒙、击蒙。蒙在物之稚，应及早进行教育。蒙以养正。去除蒙昧，即发蒙。发蒙应从规矩入手，不以规矩，不能成方圆。严正其法，教师应包容、爱护弟子，让其健康成长，以致有能力成家立业。对于不能自正其身的人不可歧视，对于为蒙昧愚蠢所困的人，则要通过后天教化，改变其命运。当然对天真无邪之幼童，谦逊好学之人，更应循循善诱。教育是止暴，而不是施暴。蒙卦上山下泉，山泉淙淙，如甘泉，如春雨，春风化雨，点滴入土。果行育德，德化天下。冲破蒙蔽，让智慧甘泉滋润亿万学子的心田。

蒙卦，二阳四阴，卦序为四，五行属土，节气正月，卦主九二、六五，干支丁未，方向东南。象解：艮山之下出泉蒙，见险须知止有功。进退艰难谋未遂，仗人接引必亨通。（所谓仗人接引主要指受教育、求贤师。）

蒙卦的易理中心是开启蒙昧的问题。蒙的特点是幼小无知。产生蒙昧有三个原因：穷困落后、幼稚无知、思想保守。治蒙方法有开发心智，典型教育（正反两个方面），营造良好育人环境。而教育者要有包容心、爱心、耐心。因为治蒙的终极目的在于提高人的正直品德（即"蒙以养正"）。"道术曾留意，先生早击蒙"。（杜甫语）启蒙宜早，严教要体现对受教者的终极关爱。启蒙教育，因人施教。

附注

月令阴阳消长图

复卦十一月	一阳在子	阳居初爻	阴居上爻	冬
临卦十二月	二阳在丑	阳居二爻	阴居五爻	冬
泰卦正月	三阳在寅	阳居三爻	阴居四爻	春
大壮二月	四阳在卯	阳居四爻	阴居三爻	春
夬卦三月	五阳在辰	阳居五爻	阴居二爻	春
乾卦四月	六阳在巳	阳居上爻	阴居初爻	夏
姤卦五月	一阴在午	阴居初爻	阳居上爻	夏
遁卦六月	二阴在未	阴居二爻	阳居五爻	夏
否卦七月	三阴在申	阴居三爻	阳居四爻	秋
观卦八月	四阴在酉	阴居四爻	阳居三爻	秋
剥卦九月	五阴在戌	阴居五爻	阳居四爻	秋
坤卦十月	六阴在亥	阴居上爻	阳居五爻	冬

什么叫异卦、同卦

由相同的两经卦组成的为同卦，象征事物融为一体，不是简单的重复，同卦相重不分位次。如：乾、坤、震、巽、坎、离、艮。

由不同的两经卦组成的别卦称为异卦。象征两种事物，这两种事物可分为四种关系：上下位，如山水蒙，下坎为水，上艮为山；内外位，如地火明夷，内离为火，象征文明，外坤为地，象征柔顺；前后位，如水天需，上卦为前，前卦为坎，象征陷，下卦为后，后卦为乾，为天为健，象征健者处险；平行位，如水雷屯，震为雷，坎为水，雷行雨施，处于并列之位。

需（卦五）

（乾下坎上）

需：有孚，光（元）亨，贞吉，利涉大川。[1]

初九：需于郊，利用恒，无咎。[2]

九二：需于沙，小有言，终吉。[3]

九三：需于泥，致寇至。[4]

九四：需于血，出自穴。[5]

九五：需于酒食，贞吉。[6]

上六：入于穴，有不速之客三人来，敬之终吉。[7]

[译文]

需卦意为等待，心怀诚信，大为亨通。占卜问事吉利，利于渡过大河。

初九：在城郊外等待，只要能持之以恒，就没有过失。

九二：如果在沙滩上等待，虽然有小过失（指口舌之争），最终会吉利。

九三：在泥沼中等待，进退维谷，招致强寇来袭。

九四：象雨下在沟洫中，如果在此等待，应从中洞穴中走出来。

九五：在有酒食的地方等待，占卜问事吉利。

上六：返回洞穴之中，有三位不速之客来到，以礼相待，终获吉利。

[通诠]

（1）需，须也，等待。云在天上，时雨将至，万物所需，获饮食以养其体。孚，信。光，光明。亨，亨通。涉，渡。大川，大河。涉大川，喻力行有难度的大事。

（2）郊，距都城五十里为近郊，距百里为远郊。国（都城）外为郊，郊外为野。郊离坎险较远，利于发展，前提是必须持之以恒。恒，恒心，恒常。身处郊野，远离水畔，无溺水之虞，恒守常道，故无咎。

（3）沙，沙滩。沙近于险。小有言，小的语言伤害，喻小的困难。有的学者认为"言"读为"愆"，小过失。亦通，可参阅。

（4）泥，乃水旁之地，泥潭，泥泞，喻困境。致，招致。寇，仇敌，盗贼。本爻为阳居躁位，自陷泥中，引来敌人觊觎之心，其险如此。但尚未入河，若谨慎从事，尚可不败。

（5）血，读为"洫"，沟洫（水沟）。穴，洞穴，窑洞，指住处。（《说文》：穴，土室也。）"出自穴"，自穴出。不处则退，顺时而动，乃能化险为夷。

（6）九五当位居正，九三至九五互卦为离，离为火，水在离上，有蒸煮之象。酒食，喻优裕的环境。如能坚守正道，仍吉利。

（7）上六处于穷极之位。速，邀请。敬，恭敬。恭敬之礼，遇难呈祥。

[品读]

此卦讲饮食之道。需，形声字，从雨而声。需，等待。遇雨，不能前进，停在那里等待。坎为云，云上于天，雨之兆也。坎险在前，刚健则不陷。遇险能通。爻象需于郊——需于沙——需于泥——需于血——需于酒食——入于穴。言明涉大川，办大事，须稳步有序。要涉险，必须有恒心，知难而进，临危不惧，待机而动，处变不惊，以诚相见，以礼待人，守正持中。必能险而不危，逢凶化吉。

天上有云，甘霖可待。卦序为五，卦体四阳两阴，五行属水，卦主九五，干支戊辰，时序二月。象解：水上于天需待也，健而行险事艰危。报言卜者休轻进，志己存诚且俟时。

需卦易理中心是：待时而动。上坎下乾，刚健之人前遇坎险。等待时机成熟，涉险方可成功。云于天上待降雨，待于郊外有恒心。需于沙滩要团结，需于泥中要更谨慎。待在护城河边从洞穴中脱险，脱险后不酗酒，不暴食，持中守正，即使遇不速之客，以诚相待，仍可化险为夷。以柔克刚，待时而动，见机而作，走出困境，前程似锦。

卦位还有哪几个重要概念

四正卦、四隅卦：文王八卦的四正卦为，震东、兑西、离南、坎北；伏羲八卦的四正卦为，离东坎西，乾南坤北。文王八卦的四隅卦为，乾西北、坤西南、艮东北、巽东南。伏羲八卦的四隅卦为，震东北、兑东南、巽西南、艮西北。

本卦与之卦：由卜筮所得的卦叫本卦，又称正卦；由爻变所得的卦叫之卦，又称变卦。如卜得乾卦，如初爻变，乾卦变成天风姤，这就是乾之姤。

错卦与综卦：错卦是两卦相对应的爻阴阳相对或相反，如乾坤、震巽、坎离、艮兑，错卦又称对卦、伏卦、旁通卦。综卦又称覆卦，就是将本卦的爻位倒置，即上下卦颠倒。如屯卦颠倒过来就成为蒙卦，六十四卦中有二十八对综卦。

互体卦：互体卦是卦中的二三四爻、三四五爻组成的卦。如泽山咸，二三四爻组成巽卦，为下卦，三四五爻组成乾卦，为上卦，下上互体组成了天风姤。

讼（卦六）

（坎下乾上）

讼：有孚，窒惕，中吉，终凶。利见大人，不利涉大川。(1)

初六：不永所事，小有言，终吉。(2)

九二：不克讼，归而逋，其邑人三百户，无眚。(3)

六三：食旧德，贞厉，终吉，或从王事，无成。(4)

九四：不克讼，复即命，渝。安贞吉。(5)

九五：讼，元吉。(6)

上九：或锡之鞶带，终朝三褫之。(7)

[译文]

讼卦是说争辩、诉讼的事。因为诚信被阻塞而内心恐惧。眼前暂时有利，终究会有凶险；利于见大人，不利于渡大河。

初六：不要长期坚持争讼，稍有言语责难，最终是吉利的。

九二：争讼失败，逃回封邑，被邑人抓捕，但全邑三百户人家免受被牵连的灾难。

六三：享用旧日的恩德，还坚持与人争讼，会有危险；顺从天子做事，虽不会有多大的成就，最终还算吉利。

九四：争讼不胜，回来反躬自省，安分守正，就会吉利。

九五：明白争讼之道（持守中正），大吉。

上九：争讼获胜，获得了赏赐。但朝不保夕，一天之内多次被剥夺。

［通诠］

（1）讼，争论，诉讼。另解为公言，即明言。求讼须公心。孚，诚信。窒，音 zhì，堵塞。惕，畏惧、恐惧。另解为止息，宁。可参考。

（2）永，长期。事，争讼之事。言，言语。另解"言"为"愆"，过失，亦通。不长期坚持争讼。因为冤家宜解不宜结，得饶人处且饶人。

（3）克，制胜。复，回归。逋，音 bū，逃跑。归而逋，即归而捕。（廖名春《周易经传十五讲》）逃回封邑被抓捕，邑人免除连坐的灾难。眚，音 shèng，目疾，引申为灾难。

（4）食，享用。德，原有的德业。贞，占卜。厉，危险，祸乱。无成，无大的成功。

（5）不克讼，诉讼不胜（败诉）。即，就。命，命理，正道。渝，改变。安，安于，安心。贞，正。廖名春释为安贞，同义复词，安静不动。

（6）元，始，引申为大。参与诉讼，仍能大吉。王弼曰："处得尊位，为讼之主，用其中正以断枉直，中则不过，正则不邪，刚无所溺，公无所偏，故讼，元吉。"九五处尊位，履中正之讼，因此大吉。

（7）锡，通赐。鞶带，有大带的官服，引申为赏赐。褫，音 chì，夺去。以刚居上，虽讼得胜。终朝，从天明到夜晚。因讼而得，得之不正，失之不服。故朝不保夕。

［品读］

讼卦象征争论与诉讼，卦意是教人如何止讼免争。九五处尊，听讼之主，余爻皆诉讼者，初六为柔，不坚持长期诉讼，终吉。九二居刚，其位不正。败诉而逃，其邑人三百户免灾。六三食旧德，处两刚之中，在夹缝中求生，终吉。九四败诉，反躬自省，复归正道，终吉。上九处卦之穷，亢则过度，夺人为能，虽胜诉受赏，但结果朝不保夕。如何正确对待因物质财富引起的纷争乃至诉讼呢？争讼首要讲诚信，无理败诉应改弦更张。治讼者应主持公道，正大光明。阳顺阴逆，矛盾丛生，善用智慧，化解矛盾，防患未然。

争辩起讼，天道左转，地道右转，天水相违，矛盾无处不在，无时不有。君子应以作事谋始，避免终乱，终凶。秉持知雄守雌，互利共赢，止讼免争，和谐相处。

讼卦四阳二阴，卦序为六，五行属水，干支壬寅，春季三月，卦主九五，卦数十六。象解：天与水连成讼象，讼中虽吉讼终凶。大凡作事先谋始，循理安常塞自通。

讼卦的易理主要讨论止讼免争的问题，但并不反对公正的诉讼，明辨公正诉讼之事是吉利的。主张用其中正，以断枉直。中则不过，正则不邪。刚则无所溺，公则无所偏，故"讼，元吉"（九五）。

易传对六爻的功能怎样评估

《系辞传》对每卦的六爻功能作了大概的评估，初知难，上知易，二多誉，四多惧，三多凶，五多功。

初爻是事物处于初始阶段，发展态势难预测。二爻处下卦中位，多获美誉。三爻处下卦极点，多凶危。四爻居臣位，近君多警惧。五爻处尊位，居中位多功绩。上爻到了事物的发展顶点，结果毕现。二与四、三与五均同功而异位。

师（卦七）

（坎下坤上）

师：贞丈人吉，无咎。⁽¹⁾

初六：师出以律，否臧，凶。⁽²⁾

九二：在师中，吉，无咎，王三锡命。⁽³⁾

六三：师或舆尸，凶。⁽⁴⁾

六四，师左次，无咎。⁽⁵⁾

六五：田有禽，利执言，无咎。长子帅师，弟子舆尸，贞凶。⁽⁶⁾

上六：大君有命，开国承家，小人勿用。⁽⁷⁾

[译文]

师卦是讲出兵打仗的事。坚持正义，由德高望重的长者来指挥，就会吉祥，没有灾害。

初六：出师要以军纪约束，纪律涣散，必致凶险。

九二：统领三军，持中守正，会吉利，君王多次下令嘉奖。

六三：军队疑惑不定，就会用车载尸大败而归，必定凶险。

六四：军队驻扎于高险之地，没有灾难。

六五：田猎有所擒获，有利于发布命令，没有灾祸。有利于长子统率军队，如果是无德的小人统率军队，必然打败仗，固守不变会凶险。

上六：君主发布命令，功臣有的封诸侯，有的封大夫，小人则不予重用。

[通诠]

（1）师，兵众，古代二千五百人为师。本卦讲的是军旅、战争的事。

贞，正，正义。另解为占问。丈人，德高望重的人，智、仁、勇三者兼备。"将者，智、信、仁、勇、严也"。(《孙子兵法》)

（2）律，法令，军纪。以，用。否，不。或解为恶，亦可。臧，善，好。否臧，不善，指军纪不好（出师必凶）。

（3）在，处于。中，中和。三，多次。锡，通赐。

（4）或，疑惑。另解为或许。舆：车辆。尸，尸体。

（5）次，驻扎。兵法有右靠高山，左临水潭，符合驻军常理。

（6）田，打猎。禽，通擒，擒获。执言，发布命令。长子，震为长子，有将才，如同丈人。弟子，喻无德才的将领。

（7）大君，天子，君主。命，命令。开国，分封诸侯。承家，封为卿大夫，即世袭卿大夫之位。小人，挟功骄傲之人。

[品读]

师卦是讲用兵之道。这个道主要是指坚守正道、用人之道。正义之师方可用兵。用兵必选将，其将能使众人正，其次是有功必赏，有过必罚，赏罚分明，方可服众。

地中有水，可容民畜众。一阳统五阴。九二为将帅之秀。五行属土，干支戊申，卦序为七，节气四月。卦主九二、六五。象解：地中有水为师象，畜众容民用俭行。至正至中无过失，喜生忧散大光明。

掌兴利除害之权，司锄奸革虐之炳。名正言顺，炳专而一。进身有道，立功有德，慎审而后行，无咎。能领导众人走正道是作为统治者的重要条件。用兵无常法，贵在知人善任。军纪严明，统帅老成持重，权力集中。师卦的用兵法则，有普遍的意义。

什么叫乘、承、比、应

爻与爻之间还存在着乘、承、比、应四种关系。乘，凌驾的意思。如，本卦的六三失位，阴居阳位，且在九二阳刚之上。出征时代替指挥作战，必败。这种情况叫"乘刚"。阴爻对阳爻来说，叫"乘"。如果相邻的两爻中，阴爻位于阳爻之下，对上面那一阳爻来说叫"承"，承载的意思。如讼卦的六三，对九二来说，就是"承"。比，指相邻两爻之间为亲比关系。即初与二、三与四、五与上之间为亲比关系，但前提是阴阳相应，才能亲比。如比卦三四本应亲比，但六三、六四同为阴位。而六三转而求九五亲比。应，指同位两爻之间的阴阳、刚柔的对应关系。如初与四同居下位，二与五同居中位，三与上同居上位。如果初与四一阴一阳就叫应。如果同为阴或同为阳，叫"不应"或"敌应"。

比（卦八）

（坤下坎上）

比：吉。原筮，元永贞，无咎。不宁方来，后夫凶。(1)

初六：有孚比之，无咎。有孚盈缶，终来有它，吉。(2)

六二：比之自内，贞吉。(3)

六三：比之匪人。(4)

六四：外比之，贞吉。(5)

九五：显比。王用三驱，失前禽；邑人不诫，吉。(6)

上六：比之无首，凶。(7)

[译文]

比卦象征亲近和团结，吉利。探求本原，长久不变地坚守正道，无灾祸。不安宁的邦国来归附，迟来者有凶险。

初六：怀着诚信来归附，无灾害。满怀诚信如同缶中水满一样。若终有他国前来归附，吉利。

六二：团结出于内心中正仁和，吉利。

六三：亲近归附于行为不当的人（会受到伤害）。

六四：自外亲近归附有中和之德的人，很吉利。

九五：亲近团结要光明正大（不搞小团体），使四方前来归附，如同先王在狩猎时，用三驱之礼，三面围拢，网开一面，让前方的禽兽逃掉，围猎的邑人也不加戒备，吉利。

上六：亲近比附时无首领，不会有好结果。

[通诠]

（1）比，密，指二人亲密无间，如水流在地。原，推测，推究。筮，占卜。元，大。永，长久。永贞，长久不变地坚守正道。宁，安宁。方，四方。方国，殷国对邦国的称谓。后夫，后至者。夫，语气词。

（2）孚，信，诚信。盈，满。缶，音 fǒu，瓦器。终，最终。来，归附。它，其他。

（3）自，从。内，内心，内部。贞，正，正道。

（4）匪，非。非人，即行为不当的人。六三失位不正，失位又无应，故称"匪人"。

（5）外，从外。比，亲近，归附。六四居外卦，承比九五，外比于贤，以柔从刚，故吉利。

（6）显，光明。显比，指九五光明之德使四方前来归附。王，指九五。三驱，三面围拢，仅一面张网，愿者入网，不愿者离去，来者不拒，去者不追。失前禽，让前面的禽兽逃掉。诫，同戒，戒备。不诫即不戒备。九五下应六二，六二在坤，坤为城邑，故称邑人。

（7）首，首领。另说：首作始讲。无首，无始。无始不可能善终。无首，无在上的首领。亲比时无首领，结果凶险。

[品读]

比卦强调人与人之间的亲密和谐的关系。六爻从孚比——内比——比匪人——外比——显比——无始之比六个方面，全面从德、人、上下、内外等角度诠释比的意义。说明与人相比，诚信在先，并且出自内心，而非外索。君子周而不比，小人比而不周。君子讲团结，但不勾结。即使比之匪人，可以团结，但不朋比为奸。亲比要有首领，团结要有核心。团结在一起，为善行好，合作共赢，而绝非损人利己。

卦体一阳五阴，卦主九五，五行属水，干支壬戌，卦序第八，卦数六八，时序四月，脏腑为脾。象解：水地相因名曰比，五阴和顺一阳刚。因时从众须乘势，稍有稽迟反致殃。

比卦是讲团结的问题。亲辅比和，团结合作，国治民安。正确的比道是修身立诚，不巧言令色，曲从苟合。光显比道，来不拒，去不追。度量宽宏，诚以待物，恕己及人。爱人者人常爱之，敬人者人恒敬之。择善亲附，和谐相助，宽宏无私。建国安邦比牧侯，和民蓄众乐忘忧。群鸿列阵飞霄汉，彩凤移时万里游。

小畜（卦九）

（乾下巽上）

小畜：亨。密云不雨，自我西郊。(1)

初九：复自道，何其咎？吉。(2)

九二：牵复，吉。(3)

九三：舆说辐，夫妻反目。(4)

六四：有孚，血去惕出，无咎。(5)

九五：有孚挛如，富以其邻。(6)

上九：既雨既处，尚德载，妇贞厉。月几望，君子征，凶。(7)

[译文]

小畜象征小有积畜，亨通。浓云密布却不下雨，密云从我所住的城邑西郊外，向东飘来。

初九：复归自身正道，哪有什么灾害呢，吉利。

九二：因初九牵连而返回正道，吉利。

九三：车子的辐条脱离了车轴，象征夫妻反目成仇。

六四：因为心怀诚信，忧虑与恐惧消除了，没有什么灾害。

九五：心怀诚信之德，牵其众阳畜于一阴，与诸阳共享富有的成果。

上九：密云已经降雨，阳气已被畜止，高尚的功德已经圆满。妇人应坚守正道以防危险，要像月亮将圆而不过盈。此时君子如果继续前进，将有灾祸。

[通诠]

（1）畜，本为蓄，积聚，养育。小，少，寡。一阴畜五阳，阴为小。小有畜积，应自我控制。亨，亨通。密云来自西郊，向东飘动，不会下雨。

云向东，一场空；云向西，马溅泥；云向南，水成潭；云向北，只空黑。

（2）复，复归，返回。道，正道。初九本处于得正之位，行为正当，自然吉祥。

（3）牵，牵连。九二失位，失位不应（与九五），故而牵连于初，返回正道。

（4）舆，车。说，通脱，脱离。辐，车轮的辐条。九三为六四所制，不能独善其身。似夫妻反目成仇之象。

（5）孚，诚信。血，通恤，忧虑。惕，恐惧，惊恐。六四与上九同心，则九三不能犯，故血去惕出。

（6）挛，音 luán，牵引，牵系。以，及。九五与六四为邻，六四畜众阳之实。九五不独享其畜，且与众阳共享其富。

（7）既，已经。雨，下雨。处，停止。尚，通上。德，指阳德。载，积载。妇，巽为中女，为妇。几，近。望，十五，十六为既望。月几望，月亮将圆而不过满。征，进。上动阳变阴，上九变阴为坎卦，必遇凶险。若月将圆时出征，一定危险。

[品读]

畜卦象征小有积畜。积聚包括聚才与积德，蓄积须讲正道，无论是自己回归正道，还是"牵复"返回，都是吉利的。蓄积须讲诚信，一阴畜众阳，与诸阳同心同德，不必忧虑与恐惧。男女组合成家庭应阴阳和谐，和衷共济。为什么九四、六四形成"阴乘阳"？三爻过于躁动，四爻成了家庭"上司"，急于控制对方，形成了不和谐的关系，就像车轮上的辐条与车轮脱离，夫妻反目成仇，家庭就无法维系了。九五居尊，中怀仁德，不仅无"独富"的私心，还与诸阳共享富有成果。

小畜卦体一阴五阳，五行属木，干支丁卯，时节四月，卦主六四。卦序为九，卦数五一，九五为全卦之主。象解：风行天上为小畜，阴止阳刚志未行。君子顺行修懿德，身虽艰阻道光亨。

小畜卦是以农业为例，讲的积蓄之道。畜，从田从兹，意为田里的谷物滋生。密云不雨是旱象，最后克服重重困难，拉回劳动果实（九二）。夫妻反目，也不会酿成大祸，有诚心会消除忧虑。保持诚心，与邻人同富。牵众来从，富而为善，怀济人利物之心，每得长者仁人之助。适度蓄积家业兴，民众齐心防卫成。结交邻邑纷争免，心怀诚信助他人。

履（卦十）

（兑下乾上）

履：履虎尾，不咥人。亨。(1)

初九：素履，往无咎。(2)

九二：履道坦坦，幽人贞吉。(3)

六三：眇能视，跛能履，履虎尾，咥人，凶。武人为于大君。(4)

九四：履虎尾，愬愬，终吉。(5)

九五：夬履，贞厉。(6)

上九：视履考祥，其旋元吉。(7)

[译文]

履卦象征行走。在老虎的后面行走，未被老虎咬伤，亨通。

初九：朴素无华，谨慎小心地做事，不会有灾咎。

九二：行走在平坦的大道上，深思守正之人，能获吉祥。

六三：瞎了一只眼却要勉强去看，跛了一只脚却要强行。在老虎后面走，被咬伤，凶险得很，勇武之士为君王所用（易形成大权旁落，实为不得已而为之，包含凶险）。

九四：在老虎的后面走，若恐惧谨慎，尽管危险，仍可获得吉祥。

九五：肆意行走，无所忌惮。即使守正，终有危险。

上九：审视过去的行为，考察吉凶征兆，返回于善，终获吉祥。

[通诠]

（1）履，本义为鞋，引申为踩。咥，音 diè，咬，六爻五阳，不开口，故解为不咥人。

（2）素，朴素。廖名春认为：素本字为踖，踖踖，音 cùjí，行为谨敬。素履即清白行事，小心谨慎地行走。素处履之始，履道恶华，素乃无咎。

（3）幽人，深思明道之人。幽人还可释为盲人、囚人、幽居之士、隐士等。贞，正，指守正道。

（4）眇，音 miǎo，盲，失明。能，而。跛，行走不正。武人，武夫，勇武之人。为，用。

（5）愬愬，音 sùsù，畏惧。六三以柔居刚，谦柔处下。

（6）夬，决断，刚猛果断行走。另讲，夬疑为快，快履即逸履，肆意行走。九五居尊，以刚决正，刚则易折，伤于所恃。

（7）视，审视。履，所做的诸多事情。考，考察。祥，吉祥，实指吉凶征兆。旋，转，返回。视履考祥，考察履道善恶得失，祸福征兆，高而无危，极而能返，明善恶，知得失。元吉，大吉。

[品读]

履卦以行走为喻，以踩虎尾为象，说明人生行道难免遇危。怎样才能转危为安呢？应以素履——幽人之履——愬愬之履——视履为指导，做人行事要全面周正，以和柔之性，履乾刚之体，以朴实无华，引为敬谨，气节凛然，守正不乱。身处危恶之中，如临深渊，如履薄冰。处危不惊，化险为夷。即使刚正果决，也不可有恃无恐。循理而行，处谦居下，无往不利。

以兑遇乾，其名为履。一阴五阳，五行属金，时序六月，干支辛未，卦主六三，卦序为十，卦数一二。象解：一个阴爻履五阳，虽行至险却无殃。回光返照前尘事，素履原来最吉祥。

履卦讲的本是小心走路的事。走路的学问，就是履道，履道就是依礼（秩序）而行。秩序其实就是规则。如现代的交通规则。行人靠右走。红灯停，绿灯行，黄灯还要等一等。而礼的根本是谦柔。谦柔待物，依礼而行。即使踩着老虎尾巴（喻危险境地）也无妨。初九的素履，九二的幽人之礼，九四的小心翼翼之礼，上九的考察吉凶之礼，均为慎行正道的履，唯九五刚猛之履，有厉。六三的"跛履"有"咥人"之凶。履卦尚谦不尚盈，尚柔不尚刚，尚自然不尚矫饰。处谦居下，循礼而行是成功之道。谦柔能自保，刚愎则丧生。危中有安处，险地亦无妨。

爻位有哪些意义区分

一、上中下之分：在三画卦中，初爻为下位，二爻为中位，三爻为上位；在六画卦中，初爻为下卦下位，二爻为下卦中位，三爻为下卦上位，四爻为上卦下位，五爻为上卦中位，上爻为上卦上位。

二、天地人之分：天地人为三才位，在三画卦中，初爻为地位、二爻为人位、三爻为天位；在六画卦中，初爻二爻为地位、三爻四爻为人位、五爻上爻为天位。

三、封建等级之分：初爻为士，二爻为大夫，三爻为诸侯，四爻为大臣，五爻为君主，上爻为太上皇或为宗庙。

四、年龄大小之分：初爻为少年，二爻为青年，三爻为中年，四爻为壮年，五爻为盛年，上爻为老年。

五、时期不同：初爻为初始期，二爻为小成期，三爻为发展期，四爻为变化期，五爻为鼎盛期（又称大成期），上爻为终结期（又称新的转换期）。

前三条为易学家所公认，后两条可供学易者参考。

周易用了哪些占断辞

主要用了九个占断辞：吉、亨、利、无咎，悔、吝、厉、咎、凶。吉字出现了一百六十次，出现频率最高，代表好的结果。有四种用法：单用吉字，共七十五处，指吉祥；用初吉、中吉、终吉，表事物发展三个阶段的良好状况，共四十处，表示占问结果吉祥；大吉、元吉用了十处，表示大吉大利。亨字用了四十七次，表示畅通。利字用了一百一十九次，表示有利、适宜。无咎用了九十一处，表示无过、无灾。凶字用了六十处，表示凶险。凶字也有四种用法：单用四十处；有凶三处，表示存在风险；终凶一处，表示结果凶险；贞凶用了十次，表示占问可能有凶险。悔字用了三十三次，表示悔恨、悔改。吝用了二十次，表示艰难、遗憾。厉用了二十七次，表示危险。咎用了九十八次，表示灾难、过失。

泰（卦十一）

（乾下坤上）

泰：小往大来，吉，亨。[1]

初九：拔茅茹，以其汇，征吉。[2]

九二：包荒，用冯河，不遐遗，朋亡，得尚于中行。[3]

九三：无平不陂，无往不复。艰贞无咎。勿恤其孚，于食有福。[4]

六四：翩翩，不富以其邻，不戒以孚。[5]

六五：帝乙归妹，以祉，元吉。[6]

上六：城复于隍，勿用师，自邑告命。贞吝。[7]

[译文]

泰卦象征通达安泰，小的离去，大的到来（指阴气上升，阳气下降，阴阳相交）。吉祥，亨通。

初九：拔出茅草，根还聚集在一起，携手进发，吉祥。

九二：包容万物，徒步渡河。无论走多远也无所遗弃。即使开始被朋友背弃，在半道上也会得到帮助。

九三：世上无只有平地而没有坡的，没有只有往而不回的。在艰难中坚守正道，用不着怀疑诚信的力量。在食禄方面会有福庆。

六四：像鸟那样轻快地飞，上与阴虚为邻，下有乘阳之嫌，故不富。因为它不以诚信之心警戒自己的行为。

六五：帝乙嫁出了自己的妹妹，其妹妹因下嫁而获得幸福。

上六：城墙倾覆在干涸的护城河里，不可出征用兵。城邑中的人也请命不要用兵。因为占问的结果显示将来会有悔恨。

［通诠］

（1）泰，通。阴上阳下，阴阳之气相交而合，万物生成。小往，坤为阴，为小，为地，为往，居上卦。地气下沉，阴在外，为往。大来，乾为阳，为大，居下卦（内卦），为升，为来。阳气上升，泰之道，吉而且亨。由外向内曰"来"，由内而外时曰"往"。阴气下降，阳气上升，上下交感。

（2）茅，茅草。茹，茅根。以，因为。汇，汇集、聚集在一起。征，进（阳气上升）。三阳在下，相连而进，象如拔茅连茹。

（3）包，包容。荒，同巟。巟，水广也。引申为边远的地方。冯，通凭，徒步涉水过河。遐，远。遗，遗忘。不遐遗，远而无遗忘。朋亡，朋友丧失。泰卦所处位置正是东北方，西南得朋，东北丧朋。尚，保佑，辅助。中行，行走在道路正中，实指阴阳中和之道。

（4）陂，音pí，同坡，陡峭。九三处于天地相交之处，平而能分。无平，指面临变革。复与往相对。复，返回。乾本在上，在天。因与坤互通至下，相交于地，故为无往不复。艰，艰难（九三至六五互有震象，故艰），九三当位居正，应于上六，故无咎。恤，忧虑。孚，诚信。九三在乾，乾为福。九二至六四互为兑，兑为口，上应坤象。坤为食之象。

（5）翩翩，鸟疾飞貌。戒，警戒。六四翩翩而下，与其邻（指六五、上六）同类以阴，实为不富，不富而从，不戒而意合。

（6）帝乙，商王名，纣王之父。归，嫁。妹，小女儿。归妹，少女出嫁。以，因。祉，福。元吉，大吉。

（7）复，覆，倾塌。隍，护城的壕沟，有水称池，无水称隍。邑，城邑。告，请，传达。命，命令。贞，占问。吝，困难。

［品读］

泰，通，事物运动交通则安泰。上下交流，爻与爻之间阴阳属性相应。天地交，万物通。交流与变通反映社会、自然发展的本来状态。

泰卦三阳三阴，五行属土，干支庚午，时序三月，卦主九二、六五，卦数八一，卦序十一。象解：天地交泰物亨通，阳长阴消理莫穷。健顺相须为日用，小求大得备全功。

本卦讲的是运动交通才会安泰。安就是平安，泰就是通畅、无阻碍。在十二消息卦中，泰卦代表正月，正是三阳开泰的开始。三阳爻在下与三阴爻保持平衡，阳气持续上升，开创了阴阳通泰的局面。泰卦代表天地交通，上下志同，阴下阳上，上下相合，万物相生。内阳外阴，内健外顺，内君子，外小人，阳进阴退。是十二个消息卦中的正月卦。从十一月冬至算起，是复卦，为一阳来复，十二月卦为临卦，为二阳在丑，到了泰卦，即三阳在寅。三个阳爻在下，人称三阳开泰，从此就开启了一个政治清明、社会安定、民众生活通泰的局面。要持盈保泰是件十分艰难的事。首先要认识到：无平不陂，无往不复，事物向其相反的方向转化。其次，经过不懈努力，因势利导，扬长避短，使所得大于所失，把损失降到最低程度。看似消极的一面，力争向积极方面转化。应该如海纳百川，包容广大，不遗失远方的朋友，不结党营私，行中道获佑助，居上谦下，可交通化生，顺应自然，阴阳和畅，通泰吉祥，天下康宁。

什么叫十二消息卦

消，消退；息，成长。消息卦是指同性爻由下而上，与异性爻不相交错的卦。

十二消息卦：子复（复卦）为十一月，节气为大雪、冬至；丑临（临卦）为十二月，节气为小寒、大寒；寅泰（泰卦）为正月，节气为立春、雨水；卯大壮（大壮卦）为二月，节气为惊蛰、春分；辰夬（夬卦）为三月，节气为清明、谷雨；巳乾（乾卦）为四月，节气为立夏、小满；午姤（姤卦）为五月，节气为夏至、芒种；未遁（遁卦）为六月，节气为小暑、大暑；申否（否卦）为七月，节气为立秋、处暑；酉观（观卦）为八月，节气为白露、秋分；戌剥（剥卦）为九月，节气为寒露、霜降；亥坤（坤卦）为十月，节气为立冬、小雪。十二个"节"为立春、惊蛰、清明、立夏、芒种、小暑、立秋、白露、寒露、立冬、大雪、小寒。其余十二个为"气"。十二节气，五行学说认为是万物的提纲，在人体信息预测中极为重要。

为什么以上十二卦叫消息卦（也称十二辟卦）？消息是两个词，消是退的意思，息是成长的意思。如农历十一月、十二月、正月、二月、三月、四月是阴消阳长（顺序为阳爻由下而上）；而五月、六月、七月、八月、九月、十月是阴长阳消（顺序是阴爻由下而上）。十二卦共计七十二爻，代表七十二候，反映阴阳消长的过程。

否（卦十二）

（坤下乾上）

否：否之匪人，不利君子。贞，大往小来。[1]

初六：拔茅茹以其汇。贞吉，亨。[2]

六二：包承，小人吉，大人否。亨。[3]

六三：包羞。[4]

九四：有命无咎，畴离祉。[5]

九五：休否，大人吉。其亡其亡，系于苞桑。[6]

上九：倾否，先否后喜。[7]

[译文]

否卦象征闭塞不通。天地不交，违反人道，不利于君子守正持信。大的去了，来了小的。

初六：就像拔出茅草，草根还牵连在一起，比喻聚集其同类守正持信。这种情况既亨通又吉利。

六二：包容，顺承。小人吉利，大人不吉利。若大人能委曲承事，以求济时，尚可亨。

六三：被包容而行小人之道，终致羞辱。

九四：君有命而无咎，众人依附同得福。

九五：使闭塞停止，大人吉利，虽面临灭亡的危险，但只要及时休否，就像系结于丛生的桑树上一样牢固，安然无事。

上九：倾覆（改变）否闭的局面，就会先悲后喜（否极泰来）。

[通诠]

（1）上卦为往（由内向外），下卦为来（由外向内），阳上阴下。否，音 pǐ，闭塞不通。匪人，违背人道。阳爻，大，积极，有益。往，阳爻向上（外）。阴爻，小，消极，不好的东西。来，指下卦（内）阳去阴来，阳气上升，阴气下沉。方向相反，永不相交，万物背乖，不合人道。贞，正，正道。

（2）茅，茅草。茹，茅草根，呈牵引状。以，因。其，它们。汇，类，聚集。贞，正，正固。亨，亨通。

（3）包，包容。承，顺承，指六二顺承九五。

（4）包羞，包容羞耻。不知耻，反为荣。

（5）命，命令、上命、天命。或解为必然性、规律。有命即指天命。畴，众，指同辈之人。离，附丽。

（6）休，停止。苞，草木的根。于，在。桑树多根，喻牢固。九五应见微知著，居安思危。

（7）倾，倾倒，引申为结束。倾否，倾倒否运，否极泰来，故先否后喜。

[品读]

否卦阐明如何治理闭塞之道，从多角度讲不可否闭。初爻阴柔居下，可审时度势。六二居下卦中位，能包容顺承。六三阴爻居下卦上位，阴居阳位，应进取为是，包容为非，否则蒙羞。九四济民休否，顺天应人，无咎。九五休否去，上九倾否，喜。卦的核心是休否求通。否泰互为综卦。物极必反，否极泰来。

卦体三阳三阴，五行属金，时序七月，卦序十二，干支丁巳，卦数一八，卦主六二、九五。象解：天地不交物不生，达人晦德避时屯。不居荣禄安常分，倾否之时福自臻。

人无千日好，花无百日红。泰到极点，否闭就来了，否极泰来。治否之道，在于化否求通，化不利为有利，审时度势。其时处于阳气渐衰，阴气日长，君子居外，小人居内；其势是君子不通，小人得势，处此境况，君子应不求荣禄、显达，应以俭德避难。在包承之时，虽蒙羞但知耻。承包乾道，在危机来临之际，系于苞桑，力挽狂澜。先有闭塞之困，后有通泰之喜，顺应天道，乐见生命之花开放。

八卦歌

　　先天八卦：乾三连，坤六断，震仰盂，艮覆碗，离中虚，坎中满，兑上缺，巽下断。

同人（卦十三）

（离下乾上）

同人：同人于野，亨。利涉大川，利君子贞。[1]

初九：同人于门，无咎。[2]

六二：同人于宗，吝。[3]

九三：伏戎于莽，升其高陵，三岁不兴。[4]

九四：乘其墉，弗克攻，吉。[5]

九五：同人先号啕而后笑，大师克，相遇。[6]

上九：同人于郊，无悔。[7]

[译文]

聚合众人于旷野，亨通。有利于渡大河，有利于君子占卜。

初九：聚众于王门，无灾咎。

六二：聚众于宗庙，行动困难。

九三：埋伏军队在密林中，登上高地，三年不能与对方兴兵作战。

九四：登上敌国的城墙，虽未能攻进去，还是吉利的。

九五：与人和同，先号啕而哭，尔后笑容满面，这是因大军克敌告捷，与援军胜利会师。

上九：在远郊班师聚众，没有悔恨。

[通诠]

（1）同，会同、聚集。人，众人。同人即聚集众人。野，国都外曰郊，郊外曰野。亨，亨通。贞，占卜。或解为守正。与人和同，需宽广无私。

（2）门，王门，或城门。同门，聚合于城门。

（3）宗，宗庙。

（4）伏，埋伏。戎，兵戎，军队。莽，草莽，此指密林。升，登。陵，大土山，高地。兴，起兵打仗。三年，指长时间。

（5）乘，登。墉，城墙。弗，不。克，能。攻，攻下，战胜。

（6）同人，聚集和睦相处的人。号咷，放声大哭。大师，大部队（指主力部队）。克，取城曰克。相遇，指会师。

（7）同人，和同于人。悔，悔恨。

[品读]

同人卦象征聚合众人。仁者，人也，同人亦为同仁。同修仁德，亲和敬业，即北京同仁堂的创旨。此卦讲的是一次战争的经历。先聚合在城门，进行战争动员，继之誓师于宗庙。出征后在草丛中伏击，又登上制高点（高陵），围攻敌城，长时间攻坚未克，战事遇阻，士兵们放声大哭，接着主力援军赶到，胜利会师，攻城告捷。大家破涕为笑，笑逐颜开。战争的胜利说明亲和统一、同心同德的力量巨大。以正求同争天下，天下大同，何险不可济，何坚不可摧。共存共荣，命运共济体。共济精神乃同人卦的核心。

同人卦五阳一阴，五行属金，干支己卯，时序七月，卦数三一，卦序十三，卦主六二、九五。象解：象曰天与火同人，契义相合利断金。凡有运谋无不利，也须克正绝私心。

同人卦强调与人和谐相处的重要性。所谓同人，即与自己和睦相处之人，易经上说，"二人同心，其利断金。同心之言，其臭如兰"。意思是二人同心的力量，犹如锋利宝剑可以斩钉截铁，心意相同的话一出口，犹如兰花般芳香。夫妻同心，家和万事兴。国人同心，克险历难无不胜。柔位得中，应乎乾，曰同人。故君子同人于郊，同人于野，能通天下之志。大道之行，天下为公。向往美好，憧憬大同。本卦通过同人于宗——于门——于郊——于野，主张广交天下志同者，反对门户之见乃至封闭保守。"四海之内皆兄弟"，足以说明先人的宽广胸怀。

算卦有六法

算卦主要有六法：蓍草法，铜钱摇卦法（又名金钱卦），数字占卜法，时间起卦法，方位起卦法，测字起卦法。

蓍草法最复杂，金钱卦最简单。

大有（卦十四）

（乾下离上）

大有：元亨。[1]

初九：无交害，匪咎。艰则无咎。[2]

九二：大车以载，有攸往，无咎。[3]

九三：公用亨于天子，小人弗克。[4]

九四：匪其彭，无咎。[5]

六五：厥孚交如威如，吉。[6]

上九：自天祐之，吉，无不利。[7]

[译文]

大有卦象征大获所有，极亨通。

初九：不互相伤害，无咎责（过错）。即使身处艰难之中也没有灾祸。

九二：用大车承载财物，有所前往，无灾。

九三：功臣受到天子宴飨，小人则不能。

九四：富有而不为邪曲之事，无灾。

六五：用诚信与人交往，威严庄重，吉祥。

上九：有上天的保佑，吉祥，没有不利的。

[通诠]

（1）有，本义为以手持耒耜类来耕种，获丰收。大有，大丰收。引申为丰富，富有，众多。乾为天，天为大，有日丽于天，普照万物，成就"大有"收获之象。

（2）交害，互相侵害、伤害、攻击。艰，艰难，也有停止的意思，即遏恶扬善。

（3）载，运载。攸，所。

（4）公，公卿、诸侯。亨，同"享"，献。

（5）匪，非，否定、限制、约束。彭，盛大。高亨先生在《周易古经今注》和《周易大传今注》中，将"匪"释为"彭"的正字，释为邪曲之人或事。其解更接近本卦卦意。

（6）厥，其，代词。孚，诚信。如，语气词。威如，威严的样子。

（7）上九位居离上，离为日，日悬于天，六五承之。祐，保佑。

[品读]

大有象征众人汇集一起，同心协力耕作，终获丰收。富有谓大业，日新曰盛德。人与人之间不相为害，必能致富。

财富积累车载斗量之时，应积极建功立业，行中道。以物予人，切不可以富骄人，更不可品行不端。而要保持诚信，光明磊落，必有威望。刚健文明，感天动人。以欲从人，推己及人。遏恶扬善，顺天休命，无往不利。

卦体五阳一阴，五行属火，干支乙丑，时序五月，卦主六五，卦序十四，卦数三一。象解：火在天上为大有，顺天休命育群生。光明普照无私曲，上下相通道大亨。

大而富有，应如何保持？应满而不溢，礼贤下士，谦虚谨慎，"大盈若冲，其用不穷"（《道德经》）。艳阳高照天之上，欣欣向荣万物生。

何谓卦主

何谓卦主？即卦中为主并起主导作用之爻，卦主可分两类：成卦之主；主卦之主。成卦之主指成为那一卦的主要意义，不分爻位高下与德行的善与不善。如一阳来复的复卦初九，为复卦的成卦之主。主卦之主，即卦中起主要作用的那一爻，此爻须德性善美，一般以得位者当之，如乾卦九五，天之象，君之位，刚健中正，解为卦主。坤卦的六二，地之象，臣之位，柔顺中正，故为坤之卦主。

关于"得"，指爻位居中位，即二五位，六二叫柔得中，九五叫刚得中。"得"，还指当位，即阴居偶数位，阳居奇数位。大有卦以六五为卦主，柔得尊位，且上下相应之。六五与上九比应。九二虽不当位，但阳刚居中，也叫刚得中。

后天八卦歌

一数坎来二数坤，三震四巽是中分。

五数中宫六乾是，七兑八艮九离门。

谦（卦十五）

（艮下坤上）

谦：亨。君子有终。(1)

初六：谦谦君子，用涉大川，吉。(2)

六二：鸣谦，贞吉。(3)

九三：劳谦，君子有终，吉。(4)

九四：无不利，撝谦。(5)

六五：不富以其邻，利，用侵伐，无不利。(6)

上六：鸣谦，利用行师征邑国。(7)

[译文]

谦卦象征谦虚，谦虚就能亨通。君子有好结果。

初六：君子能谦而又谦，就可以克服大艰大难，吉祥。

六二：谈吐谦虚，坚守正道，自然吉祥。

九三：不居功自傲，君子有好结果，吉祥。

九四：发挥谦虚的美德，可以说无所不利。

六五：不要因为邻国富有，认为有利可图，就采用侵犯讨伐的手段，这样就没有什么不吉利了。

上六：谦和而又声名远播，即使带领军队去征伐骄横的邑国（也是吉利的）。

[通诠]

（1）谦，谦虚，谦让。卑退之义，屈己下物；随物而与，施不失平。

卑者坚守谦下，则他人不可逾。自卑而人益尊，自晦而德更显。终，结果。

（2）用，施行，从事。大川，喻险难。谦而又谦，谦之至也。

（3）鸣，声名。王弼注："鸣者，声名闻之谓也。"

（4）劳，功劳，功绩。有功劳而持谦德。

（5）㧑，音 huī，挥，施行。㧑谦谓施行谦德。行师，行军，用兵。

（6）邻，邻国。以，因。

（7）鸣谦，声名远播而又谦虚。征邑国，征讨骄横的邦国。

[品读]

满招损，谦受益。周公曾说："大足以守天下，中足以守其国家，小足以守其身，谦之谓也。"象传曰："裒多益寡，称物平施。"即削减过多者以补充寡少者，权衡物之轻重而公平施予。反映古人对社会公平、公正的热切向往。将谦卑品格上升为治国之道。一个内怀谦德的谦谦君子，能用谦卑的品性来修身（卑以自牧），来影响周围的人，为而不恃，劳而不伐。德言盛，礼言恭，处处发挥谦虚的美德。一谦而四益：天道亏盈而益谦（天道让盈满事物亏损，增益谦下的事物），地道变盈而流谦（地道让盈满之处减损而注入低下的地方），鬼神祸盈而福谦（鬼神祸害盈满的人，而福佑谦卑的人），人道恶盈而好谦（人性厌恶自满骄横的人，而喜欢谦虚的人）。在拥有财富和社会地位之后，保持谦谨的品格，结果会是好的，因为它合于天地人之道。

卦体一阳五阴，五行属土，时序十二月，干支丙辰，卦序十五，卦数八七，卦主九三。象解：地下有山谦逊也，以谦自牧契真常。劳而不伐真君子，身愈卑而道愈光。

谦卦讲的是谦受益的道理。满招损，谦受益，合乎天道。天道的规律是亏损满盈，补益谦下，地道的规律是减损满盈，而注满低下，鬼神的本性是损害满盈而福佑谦卑，人的本性也是厌恶自满（的人）而喜欢谦虚（的人）。一谦四益，就是指如果秉持谦卑精神，天地鬼神和人都会帮助你。它提醒我们，要谦虚谨慎，卑以自牧，谦谦君子，德言盛，礼言恭。有功劳而又谦虚的人，其结果必然是高尚美好的。当然，如果过于谦虚也是不合谦道的，当谦则谦，谦而好礼，可谓谦谦君子；当武则武，武而用师，凛然犯难。一文一武，此乃谦卦的文武之道。"谦卦六爻皆吉，恕字终身可行"。气忌盛来心忌满，才忌露来富忌骄。花的事业尊贵，果的事业甜美，叶的事业平凡，人的事业谦牧。虚怀若谷，无所不利。

豫（卦十六）

（坤下震上）

豫：利建侯，行师。⁽¹⁾

初六：鸣豫，凶。⁽²⁾

六二：介于石，不终日，贞，吉。⁽³⁾

六三：盱豫，悔；迟，有悔。⁽⁴⁾

九四：由豫，大有得。勿疑，朋盍簪。⁽⁵⁾

六五：贞疾，恒不死。⁽⁶⁾

上六：冥豫，成有渝，无咎。⁽⁷⁾

[译文]

豫卦象征安乐，利于封侯建国，行军。

初六：自鸣得意，逸豫过度，凶险。

六二：正直的品德坚如磐石，不终日沉溺于欢乐，能守正必获吉祥。

六三：以谄媚悦上，洋洋自得，有悔恨；如果应改过时还迟疑不决，会增添新的悔恨。

九四：恰如其分的欢乐，会大有所得。至诚勿疑，这会使自己的朋友像头发括束于簪子那样，聚合在一起。

六五：只要持正，即使是患了重病，也一定不至于死亡。

上六：一味耽于逸乐，但若在铸成大错前及时改正，就不会有灾祸。

[通诠]

（1）豫，逸豫，安乐，欢乐，享乐。建侯，封侯建国。行师，行军用兵。

（2）鸣，鸣叫，狂呼乱喊，此处指娱乐过度。

（3）介：坚忍不拔曰介。廖名春解"介"为孤傲，独特，不合群。不终日，不到一天。贞，正。

（4）盱，音xū，张目仰视，形容媚悦取上之态。

（5）由，通"允"，恰当。（另解为：由，由来，依赖；或通尤，责罪，批评。）勿，不。朋，朋友。盍，音hé，聚合。簪，古代用来绾头发的饰品，引申为聚合。

（6）贞，守正。疾，疾病。恒，长久。

（7）冥豫，耽于逸乐。

[品读]

忧劳可以兴国，逸豫可以亡身。忧与乐可以互相转化。雷声震动，山河感应，大地欢腾。顺时以动，处乐思忧，豫卦主张适度、适时、适当的欢乐、娱乐、安乐。不主张狂喊乱叫的欢乐，反对以媚悦取上，洋洋自得的小人之乐。适度欢愉，与众同乐。即使患了疾病，也应中和怀柔。反对享乐主义，享乐至上。如乐不思蜀，岂能长久？乐过则淫，志穷则凶。豫，顺以动，天地如之，日月不过，四时不忒，刑清民服，作乐崇德，乐得其所。

卦体一阳五阴，五行属木，卦序十六，时序三月，卦主九四，卦数四八，干支庚申。象解：雷出地中为豫象，豫而顺动应天时。施为必得朋相助，贤友相助事事宜。

豫卦的易理中心是：处乐思忧，顺天而动，则人心顺，心顺则悦。如天动之，刚德以立，柔顺以应，志行而乐。然而乐不可极，乐极生悲。谦鸣而利，豫鸣则凶，动静不失其正。与朋友合聚，至诚不疑。防止耽于逸乐，纸醉金迷。豫为谦之覆卦。逸豫不可长。豫而能变，方能无咎。"先天下之忧而忧，后天下之乐而乐"，才是正确的忧乐观。反对自鸣得意，忘乎所以的欢乐，鄙视阿谀奉承的盱豫，昏天黑地的冥豫，必然乐极生悲，唯独顺时适当的欢乐，与民同乐，才是可长久的快乐。本卦通过鸣豫——盱豫——由豫——冥豫，阐发了快乐的真实意义，以己之乐，与人同乐；与众同乐，才是真正的快乐。

随（卦十七）

（震下兑上）

随：元亨，利贞，无咎。[1]

初九：官有渝，贞吉。出门交，有功。[2]

六二：系小子，失丈夫。[3]

六三：系丈夫，失小子。随有求得，利居贞。[4]

九四：随有获，贞凶。有孚在道，以明，何咎？[5]

九五：孚于嘉，吉。[6]

上六：拘系之，乃从维之。王用亨于西山。[7]

[译文]

随卦象征随从（君子），极亨通。利于守正，无灾祸。

初九：人的思想观念与时俱变，坚守正道可获吉祥。出门与人交往，就能成功。

六二：依附小子（指小人），失掉了阳刚的大丈夫（指君子）。

六三：追随君子，会失去小人。随从君子必有所得，利于安居守正。

九四：随从于人有所收获，应守正防凶（因收获中蕴藏着凶险）。只要保持诚信的正道，又有什么咎害呢？

九五：施信于诚实善良的人，吉祥。

上六：先捆绑拘禁，随后又解开了绳索（释放了文王）。文王因此才能在岐山举行兴师讨逆的祭祀。

[通诠]

（1）随，从也，跟随。君子居必择邻，游必就士，择善而从。全卦主张随从于善道。元，极。亨，亨通。贞，守正。

（2）官，此指思想观念。渝，改变，变化。交，交往。功，成功。

（3）系，捆绑。此指随从、依附。小子，原指身高不足一丈的男子，后指小人。丈夫，原指身高一丈或高于一丈的男子，后指成年男子、君子。喻人不可能多方随和，于此有得，于彼有失。随和应有原则，不可贪利苟和。

（4）随有求得，跟随德高才大的人，有求必有所得。居，安居。

（5）有获，有所收获。但守正，明进退之道，可防凶险。

（6）孚，诚信。此指施信。嘉，美，善。

（7）拘系，拘禁。乃，于是。从，随后。维，解开，喻释放。王，文王。用，因此。亨，祭祀。西山，指岐山。指文王在岐山举行兴兵讨逆的祭祀。

[品读]

喜乐而出，人则随从。全卦讲的是随从之道，随从要有原则、守诚信，从君子，勿从小人。原则就是择善而从，其不善则改之。权衡其可随者而随之，从正则吉，失正则凶。择邻就士，孟母三迁。还应选择适宜时机相从，天下随时，随时适变，适可而止。如盲目随从，必陷困境。

卦体三阳三阴，五行属金，卦序十七，时序二月，卦主初九、九五，干支丁亥，卦数五四。象解：泽中雷动象曰随，阳动阴随相得宜，君子有孚存信吉，施为动用不违时。

随卦的易理讲的是随从之道。怎样随呢？应以刚下柔，以贵居贱，以上处下，以己随人。其基本原则是"居义向善"，这里的义就是"正"和"公"，不是盲从，更不是阿谀奉承之从。是见善而从，不分远近，相从善美之人。相随之时，保持合适的界限，千万不可贪图近利，苟且相从。相从之时，应安于本分，思不出位，进退有节。三人行必有师，择其善者而从之，其不善者则改之。居必择邻，游必择士。君子随从之道：随时合宜，权变通达，追随正道，择善而为。而善是破除私见，以大众利益为依归。追随正道心执着，随时而动保安宁。

蛊（卦十八）

（巽下艮上）

蛊：元亨，利涉大川，先甲三日，后甲三日。[1]

初六：干父之蛊，有子，考无咎。厉，终吉。[2]

九二：干母之蛊，不可贞。[3]

九三：干父之蛊，小有悔，无大咎。[4]

六四：裕父之蛊，往见吝。[5]

六五：干父之蛊，用誉。[6]

上九：不事王侯，高尚其事。[7]

[译文]

蛊卦象征整治弊乱，极亨通，有利于涉过大河，应在丁日开始，在辛日结束（即把握事物的开始和结束）。

初六：匡正父辈的弊乱，有能干的儿子，父辈去世后不会造成大的危害。即使有些咎害，终必吉祥。

九二：纠正母辈的弊乱，不能固守不变通。

九三：匡正父辈的过失，会有小悔恨，不会有大灾难。

六四：宽裕父辈的弊乱（怠且懦必增益弊乱），以后会遇到困难。

六五：匡正父辈的弊乱，因而得到大家的赞誉。

上九：不侍奉王侯，以自己的拨乱反正为高尚事业。

[通诠]

（1）蛊，音 gǔ，皿虫为蛊，引申为整治弊乱。古代以干支纪日：甲、乙、丙、丁、戊、己、庚、辛、壬、癸。先甲三日，指甲日前的第三日辛日。后甲三日，指甲日后的第三日丁日。辛日和丁日（辛与新谐音，指创新法令之日。丁，丁咛，治乱，治理。）利于渡河行动。

（2）干，正也。引申为匡正，纠正。蛊，引申为过失，错误。考，已去世的父亲（去世的母亲称妣）。帛书《易》作"攷"，音近通假。厉，祸乱。

（3）蛊，弊乱。

（4）小，少，稍。悔，悔恨。咎，过失。

（5）裕，宽缓，宽宏，宽容。吝，困难。

（6）用，因为。誉，赞誉。

（7）前一个"事"，侍奉。后一个"事"，事情，事业，行为。其，自己的。高尚：认为高尚，意动用法。

[品读]

蛊，风落山，长女惑少男。"器久不用而虫生之，谓之蛊；人久宴溺而疾生之，谓之蛊；天下久安无为而弊生之，谓之蛊"。（《东坡易传》）如何治蛊？拯弊除腐，振民育德。整治弊乱，消除贪腐。用道德提振民心，教化众人。

卦体三阳三阴，五行属土，干支庚子，卦序十八，时序三月，卦主六五，卦数七五。象解：山下有风应有事，巽时止蛊事无争，济危拔险宜先甲，复治依元大吉亨。

蛊卦的易理中心是除弊治乱。《春秋传》曰："皿虫为蛊，晦淫之所生……风遇山而回，物皆扰乱。"器生虫，人生疾，国生弊。在这种情况下，须有改革创新的精神，拨乱反正的气魄，移风易俗，拯腐除弊。除弊应采用妥帖恰当的方式，发扬优点，匡正过失，事前要作充分准备，执行时要决断立行，令行禁止。根本方法在于用德道来培养百姓，教化万民。用法令使官员不敢腐，不能腐。用道德、文化建设使之不想腐。刚柔相济，治标治本，正本清源。既不操之过急，又不矫枉过正。破除重重阻力，消除腐败，导入新机。防患未然为最好，亡羊补牢犹未晚。天道有终则有始，始于治蛊之始，终于治蛊之终。

八卦与数

先天八卦：乾一、兑二、离三、震四、巽五、坎六、艮七、坤八。

后天八卦：坎一、坤二、震三、巽四、中宫五、乾六、兑七、艮八、离九。

临（卦十九）

（兑下坤上）

临：元亨，利贞。至于八月，有凶。[1]

初九：咸临，贞吉。[2]

九二：咸临，吉，无不利。[3]

六三：甘临，无攸利。既忧之，无咎。[4]

六四：至临，无咎。[5]

六五：知临，大君之宜，吉。[6]

上六：敦临，吉，无咎。[7]

[译文]

临卦象征君临天下（即临民视事，视察黎民众庶），极亨通，利于做大事。但到了八月雨水多，水泽溢满，有凶险。

初九：以感化之道发号施令，吉祥，无不利。

九二：以感化之道君临天下，吉，无所不利。

六三：靠花言巧语临民治众，行不通。如果常怀忧惧之心，知过能改，可无咎害。

六四：以善临民，没有过失。

六五：以智慧临民（统治人民），大人君主应当这样，吉祥。

上六：以仁厚临民，吉利，无咎害。

[通诠]

（1）临，形声兼会意，象居上位者居高治民，审察民情，治理国政。

利贞，利于正固。

（2）咸，感。感临，以德化民。贞吉，守正吉祥。

（3）甘，动听的话。

（4）至，善。《毛诗》郑笺解为极，到。

（5）知，读为"智"。知临，以智慧临民。

（6）敦，厚。敦临，以敦厚的仁德临民，民心悦服。

[品读]

临卦包含有临民视事、治国理政的方略。怎样的治国安民，才会亨通吉利呢？

临民之法，主张咸临，至临，知临，敦临，切莫甘临。要临民以法，临民以和，躬亲睿智，宽裕敦厚足以容，发强刚毅足以执，齐庄中正足以敬，文理密察足以别。见而民莫不敬，言而民莫不信，行而民莫不说（悦）。不可口惠而实不至，巧言令色。要做到情为民系，利为民谋，权为民用。取天下之善，任天下之贤，兼天下之知，践行治国安民的策略。敦知临民，刚柔相济。教思无穷，保民无疆。

卦体二阳四阴，五行属土，卦序十九，干支戊寅，时序十二月，卦主初九、九二，卦数八二。象解：地泽相因名曰临，临时临事利和亲。所谋阴贵相扶助，虽吉提防八月侵。

临卦的主要易理讲的是治国安民之道。其道有三：坚守正道（方向）、持守中道（防左右摇摆）、因时制宜（时变法变）。居下位者应以德才取信于上，才能展现才能，居上位者如自身力不足时，应取天下之善，任天下之贤，兼天下之智，而不自任、自取、自知。正身律己，注意德治教化。德厚物载，久道化成。地包容泽，宽厚爱民，教之无穷，容之无疆。

八卦方位

先天八卦：乾南、坤北、离东、坎西、兑东南、震东北、巽西南、艮西北。

后天八卦：震东、兑西、离南、坎北、乾西北、坤西南、艮东北、巽东南。

观（卦二十）

（坤下巽上）

观：盥而不荐，有孚颙若。[(1)]

初六：童观，小人无咎，君子吝。[(2)]

六二：窥观，利女贞。[(3)]

六三：观我生，进退。[(4)]

六四：观国之光，利用宾于王。[(5)]

九五：观我生，君子无咎。[(6)]

上九：观其生，君子无咎。[(7)]

[译文]

观卦象征观仰之事。祭祀时只观仰盥礼（用香酒浇灌地以求降神），而不观仰荐礼（向神献牲），只要心怀诚信，态度恭敬就可以了。

初六：若像幼童一样仰观，小人无咎害，君子就有悔恨。

六二：在暗中从内向外窥视，女子贞静则有利。

六三：反省自己的所作所为，以权衡进退。

六四：观察国家的政教光辉，有利于成为君王的宾客。

九五：观察天下生民，君子就可以免于犯错。

上九：观察其他国家生民的状况，君子可无灾咎。

[通诠]

（1）观，观察，观仰。盥，音 guàn，盥礼，祭祀时以香酒灌地以求降神。荐，荐礼，敬献祭品（包括牺牲以及酒食）的仪式。有，用。孚，诚信。颙（yóng）若，肃敬之貌。古代认为盥礼大于荐礼。观盥礼盛则休而止，是观其大，不观其细。

（2）童，儿童。童观，如幼童一样仰观万物。小人，百姓（无道义上的贬抑）。吝，悔恨，遗憾。

（3）窥，从门缝中向外偷看。利女贞，利于女子静而守正。

（4）我生，自己的所作所为。

（5）国光，国家的风采，指国家的政教、礼仪制度等方面的人文成果。国家的政教光华盛美，民风民情敦厚质朴，适于有贤德之人（六四）辅助君王。

（6）观我生，观民也。我生，自己的生民。观民察政，君子无咎。

（7）观其生，观察他国生民的状况，以知自己的得失。

[品读]

观卦讲的是观民知君，观化知政。从六三观我生，省察自己的所作所为开始，到观察自己的生民百姓，进而观察他国的生民治理状况。观国之光，指瞻仰国家的政教光辉，君主的风采。"黎民欢仰德，万国喜观光"。（耶律楚材语）晋国的韩起受聘于鲁，听周乐，观史书，是瞻仰文化之光的事例。现在的观光，着重的是对人文景观和风物的观赏。总之，观，为人所观仰。自上示下，义取观示；自下仰上，义取观瞻。

卦体二阳四阴，五行属木，干支辛酉，卦序二十，时序八月，卦主九五、上九，卦数五八。象解：风行地上顺而安，莫作寻常一例看。一切营谋无不遂，乐以忘忧物外天。

观卦的核心是观民知君，观化知政。童观无咎，童言无忌，其见不远，其见不明。窥观是一叶障目，不见泰山。六四观国之政教光辉，乃贤德之人，则人君宾礼之。观光，也是对精神文化之观仰。九五观民以察我道。上九观视他国百姓、社会和文明状况，对比施政，以明善否。明得失兴废，保持内外祥和的大好局面。观民设教天下服，省人自省志未平。开启门户春风至，如日中天蔚大观。

卦位有哪些分别

第一，有上下、内外、远近、前后、贞悔之分。上位与下位：四、五、上爻组成的卦称上卦，也称上体；初、二、三爻组成的卦称下卦，也称下体。下体卦又称内位、近位、后位、贞卦；上体卦又称外位、远位、前位、悔卦。

第二，有阴位、阳位之分。如地天泰，下卦为阳位，上卦为阴位。八纯卦中，乾为三画卦，震、坎、艮为五画，三、五为奇数，为阳卦；坤为六画卦，巽、离、兑为四画，四、六为偶数，为阴卦。除八纯卦外，其余的五十六卦，又叫别卦。

第三，有刚位与柔位之分：泰卦的下卦为刚位，上卦为柔位。

第四，并列位：相重的两经卦所象征的事物是并列的。如水雷屯，雷雨并动。

噬嗑（卦二十一）

（震下离上）

噬嗑：亨，利用狱。[1]

初九：屦校灭趾，无咎。[2]

六二：噬肤灭鼻，无咎。[3]

六三：噬腊肉遇毒，小吝，无咎。[4]

九四：噬干胏，得金矢。利艰贞，吉。[5]

六五：噬干肉，得黄金。贞厉，无咎。[6]

上九：何校灭耳，凶。[7]

[译文]

噬嗑卦象征咬合，亨通，有利于施用刑罚。

初九：脚上戴着刑具，脚趾被遮住，没有灾咎（即罪行不大）。

六二：如咬脆肉（无骨肉）伤了鼻子（即受"灭鼻"之刑），无灾咎。

六三：象啃干肉遇到毒物（即腐肉），去掉不吃。虽有小的困难，却无大灾祸。

九四：啃带骨的干肉，啃出了铜质箭头。利于在艰难中守正，吉祥。

六五：啃干肉，却啃出了黄金。比喻虽碰到危险，但无咎害。

上九：肩上戴着枷锁，割去了耳朵，凶险。

[通诠]

（1）噬，音 shì，咬。嗑，音 hé，合。噬嗑象口中有物。咬合食物，象征施用刑罚。狱，指代刑罚。

（2）屦，音 jù，履也，此指践踏。校，音 jiào，木质刑具。（古代刑具施于足的叫桎，施于颈项的叫枷，施于手的叫梏。经文的校，就是桎。）灭，灭没，遮没。有的学者认为灭趾，类似于刖刑，砍掉脚趾。说明是初犯且罪较小。

（3）噬，啮。肤，柔脆的无骨肉。"灭鼻"即鼻刑。无大刑加身，仍无咎。

（4）腊肉，干肉。毒，有毒物，此指腐肉。小吝，小有困难。

（5）胏，音 zǐ，带骨的肉脯（难以啃咬）。金矢，铜质箭头。艰，艰难。贞，守正。

（6）干肉，干硬的肉脯（喻审理艰难的案件）。黄金，黄指中色，金指刚硬之物。贞，守正。另解为"限"，可参考。厉，危险。

（7）何，通"荷"，负戴。灭耳，割去耳朵，指重刑。

[品读]

噬嗑卦主张明罚敕法，严明法律，公正刑罚，以法治国。灭趾、灭鼻，因罪小罚轻，所以无咎。到了荷校，则作恶多端，必罚其重。善不积不足以成名，恶不积不足以灭身。雷动其威，电耀以明。公生明，廉生威，执法公正，整饬法律，则刑罚明白公正。

卦体三阳三阴，五行属火，干支戊子，时序十月，卦主六五，卦序二十一，卦数四三。象解：雷电相因名噬嗑，颐中有物未能亨。明威并用除奸宄，隔碍潜通事有成。

噬嗑卦以雷动其威，以电显其明。强调执法要明，法明则民服，刑威则人惧。透明是法律公正的前提，威力是法律存在的基础。"公生明，廉生威"，廉洁与光明启示执法者要"明镜高悬"。卦中以咬合食物比拟形象化，说明明刑治狱要公正，要依法量刑。初九罪小罚轻，故无咎。但六二、六三其刑也冤，其罚也重，其政有失，故人不服。六五量刑得当，故贞厉，无咎。上九作恶多端，其罚必重。恶积不可掩，罪大不可解。积小恶成大罪，被绳之以法实为罪恶叠加所致。明刑断狱、铁面无私是法德的象征，也是从此卦中得到的启示之一。守正除奸佞，他人自服辜。常怀危惧志，怨咎自然无。

卦序歌

乾坤屯蒙需讼师，比小畜兮履泰否；
同人大有谦豫随，蛊临观兮噬嗑贲；
剥复无妄大畜颐，大过坎离三十备。
咸恒遁兮及大壮，晋与明夷家人睽；
蹇解损益夬姤萃，升困井革鼎震继；
艮渐归妹丰旅巽，兑涣节兮中孚至；
小过既济兼未济，是为下经三十四。

贲（卦二十二）

（离下艮上）

贲：亨，小利贞，有攸往。[1]

初九：贲其趾，舍车而徒。[2]

六二：贲其须。[3]

九三：贲如濡如，永贞吉。[4]

六四：贲如皤如，白马翰如。匪寇，婚媾。[5]

六五：贲于丘园，束帛戋戋，吝，终吉。[6]

上九：白贲，无咎。[7]

[译文]

贲卦象征文饰，适当的文饰，有利于主动前往。

初九：文饰自己的脚趾（象征文明礼让），舍弃乘车而徒步行走。

六二：胡须修饰得很漂亮。

九三：修饰得文雅，润泽得如此充盈，做事能长久吉祥。

六四：文饰得一身素白，骑着白马飞驰而来。不是强盗，是来求婚的。

六五：装饰自己的家园（指女方），送上一束很少的丝帛（男方），虽有困难，但最终吉祥。

上九：素白无华的修饰，无灾咎。

[通诠]

（1）贲，音 bì。《说文》："从贝卉声，饰也。"古有穿贝系于颈，贝有白、玄、黄、紫等色，为杂色文饰的意思。刚柔相错是天的文采，仁德礼仪是人类的文采。亨，亨通。光有所止（离为光，艮为止），故稍有利。六二、六五均为阴，故称"小"。

（2）趾，脚趾。徒，步行。初为士，按照礼仪不应乘车。士未有命，不得乘，乘有罚。

（3）须，须毛。古人称毛在口曰髭，在颊曰髯，在颐曰须。文饰当从质，文不掩质。

（4）如，语气词。濡，润泽。永，长久。贞，正固。

（5）皤，音 pó，老人发白曰皤。皤如，白素之貌。翰，马白曰翰，指用素丽淡雅装饰自己。六四崇尚淡雅，不尚浮华。媾，结亲，交合。

（6）丘，土山。园，园圃。丘园，指家园。帛，丝织品的总称。戋戋，形容少。吝，困难。

（7）白贲，以素为饰（质朴无华）。

[品读]

贲卦象征装饰、修饰，也象征文明。它反映了古人的审美观，以素为饰，以朴为美，出行文明礼让，舍车徒步。下离上艮，文明以止，使人的行为有所约束。观乎人文，不仅指外在装饰，而且还要用诗书礼乐提高人的内在素质。观乎人文，以化成天下。要化人，先化己，自我教化，"修之于身，其德乃真。修之于天下，其德乃普"。（《道德经》）教化以明，习俗已成。文化是心灵的依归。无本不立，无文不行，洗尽铅华，坚守本真。

卦体三阳三阴，五行属土，干支甲申，时序八月，卦主六二、上九，卦数七三，卦序二十二。象解：山火相因光贲象，内明外止自然亨。观时察变随宜用，凡有求谋必称情。

贲卦讲的是文饰之道，即外在形式与内在本质相结合。"文胜质则史（虚饰浮夸），质胜文则野（粗野）"。只有文质配合得当，才是君子。文饰之道要适度，守质才不丧其文。贲道的最高境界是洗尽铅华，重返质朴。徒饰文华，不务本实，与贲卦的易理背道而驰。质重于文，饰极返素。去奢入俭，返璞归真。

剥（卦二十三）

（坤下艮上）

剥：不利有攸往。⁽¹⁾

初六：剥床以足，蔑贞，凶。⁽²⁾

六二：剥床以辨，蔑贞，凶。⁽³⁾

六三：剥之，无咎。⁽⁴⁾

六四：剥床以肤，凶。⁽⁵⁾

六五：贯鱼以宫人宠，无不利。⁽⁶⁾

上九：硕果不食，君子得舆，小人剥庐。⁽⁷⁾

[译文]

剥卦象征剥落，不利（不宜）于有所前往。

初六：象剥掉了床腿，等于毁灭了正道，凶险。

六二：象剥掉了床板，同样也是毁灭正道，凶险。

六三：虽处在继续剥落之时（六三离开上下群阴，独应上九），结果却无咎害。

六四：象剥掉了床席，十分凶险。

六五：象宠爱宫人如贯鱼而入，无不利。

上九：象仅剩最后一颗硕果未被吃掉，君子得到大车，小人则将失去茅庐。

[通诠]

（1）剥，剥落，剥除。此指阳气被阴气剥落，阴盛阳衰，不利于君子前往。

（2）床，古人坐卧的器具。以，及也（介词）。蔑，通灭，蚀灭，消蚀，毁灭。喻从根茎处消剥。贞，正道。蔑贞，毁灭正道。

（3）辨，床足与床身分辨之处，即床板。

（4）剥之，处在剥落之时（众皆剥阳，三独应上）。

（5）肤，表皮，此指床席（床面）。

（6）贯，穿。贯鱼，以绳穿鱼，比喻有秩序。宫人，宫女，宫中仆人。（以宫人宠，终无尤也。）宠，宠幸。

（7）硕，大。不食，不曾摘食。舆，大车。剥庐，剥落屋宇，无处安身。庐，房屋，指屋顶。

［品读］

剥卦五阴一阳，阴盛阳孤，象征阳被阴剥除。从自然现象来分析，象征阴气盈阳气衰的农历九月，秋风肃杀，草木凋零。以社会现象而言，象征小人得势，正人君子的地位被剥夺。小人春风得意，君子被排斥，遭打击。这一时期，君子行事极为不利，"不利有攸往"。君子遵循天体运行的规律，适应阴虚消亡、阳盈息长的规律。阴剥阳，邪剥正，奸剥忠，是一种渐进的过程，剥床足——剥床板——剥床席——剥屋顶。阳气剥落殆尽，阴气似入寒冬。幸而硕果仅存，即上九唯一的正义和光明尚存。"君子得舆"，象征君子受到人们的拥戴。"唯君子乃能覆盖小人，小人必赖君子以保其身；今小人欲剥君子，则君子亡，小人亦无所容身"。（朱熹语）但小人必继续剥庐，以毁灭他人为快，损人亦不利己，以害人开始，以害己告终。无数事实已证明这一点：正义必将战胜邪恶。剥极必复，否极泰来。

卦体一阳五阴，五行属土，干支癸亥，时序九月，卦主上九，卦数七八，卦序二十三。象解：艮山扶地邪伤正，厚下安居反得舆。小人剥极不知变，陷身取辱剥其庐。

剥卦讲的是阳刚被剥落的问题。剥卦五个阴爻在下方，一个阳爻在上方，象征邪恶的力量排斥阳刚力量的全过程。一颗颗的果实被吃掉，只剩下最后一颗果实未被吃掉，也就是"硕果仅存"。这一硕果象征光明正义的力量。"君子得舆"，象征君子得到民众拥戴。然而正义必将战胜邪恶，剥极必复，以阴剥阳，以邪剥正，以奸剥忠必将终止。一阳来复象征光明必将重新到来。

复（卦二十四）

（震下坤上）

复：亨。出入无疾。朋来无咎。反复其道，七日来复，利有攸往。[1]

初九：不远复，无祗悔，元吉。[2]

六二：休复，吉。[3]

六三：频复，厉，无咎。[4]

六四：中行，独复。[5]

六五：敦复，无悔。[6]

上六：迷复，凶，有灾眚。用行师，终有大败；以其国君凶，至于十年不克征。[7]

[译文]

复卦象征阳气回复，亨通。阳气从下面产生，逐渐向上升进没有障碍。朋友来了无灾祸。阴气剥尽至阳气来复有一定的规律，即过了七天必将回复，有利于前往。

初九：走得不远就及时回复，既无灾患又无悔恨，大为吉祥。

六二：行善事有好报，会吉祥。

六三：蹙额皱眉去回复，有危险，但无灾祸。

六四：能行中道（独自与初九阳爻相应），回复仁德，不会孤独。

六五：敦厚笃实去回复（待人厚道），无悔恨。

上六：迷失歧途难回复，有凶险，有灾眚。如果兴兵打仗，终将惨败。如果治国理政，必国乱君凶，国力长期不能恢复振兴。

［通诠］

（1）复，回复。指群阴剥阳至殆尽，一阳来复生于下。出，阳气外长。入，阴气内生。出入是指阳气从下面产生而逐渐向上升进的状态。疾，疾患。此指灾祸。朋来，一阳初动而来。阴阳相感，相悦，故无咎。反复：指阳刚返转回复。道，规律。七日，一爻为一日，至七日（指复卦的初九）一阳来复，一共经历了七爻。（屈万理）另一说认为姤卦（五月）——遁卦（六月）——否卦（七月）——观卦（八月）——剥卦（九月）——坤卦（十月）——复卦（十一月），一阳来复共七个月，一爻为一月。古人称月为日。以上两说均通。七日是一个循环过程的周期。

（2）不远复，指初九最先来复。喻走得不远，及时回复。祗，音qí，大悔、灾病。悔，小灾。元，大，至（副词）。

（3）休，美好，善。六二居中，下比初阳，阳为仁，六二亲仁善邻，故为休复。

（4）频，通颦。皱眉头，愁眉苦脸。六三乘承皆阴，复善艰难，但尚能努力复善。厉，危险。六三能履危思善，故无咎。

（5）中行，行中道。独，独自（六四能应初九，行回复之善）。

（6）敦，敦厚笃实（六五能居中下位，自我省察）。

（7）迷，迷失。眚，灾异，灾难。（内生曰眚，自外曰祥，害物曰灾，灾自外来，如天灾。）用，以此。行师，兴兵。十年，指时间之久。

［品读］

一阳来复指一个阳爻出现在最下方，如黎明初露，太阳渐渐升出地平线。自然界一切，阴气消退，阳气回升，万物复生，严冬过去，春天还会远吗？一切必然迎来生命之春。从自然现象来看，剥卦是夏至之后，天气渐凉。复卦代表冬至。冬至一阳生（阴极生阳），一切美好事物都是从萌发于阳刚之气开始的。是万事万物美德之根，从最切近的美善，不远复，大吉。既得美善又亲之，休复之吉，里仁为美。中行独复，敦复无悔。心志专一，遵循正道。如果迷失复归的正道，难免有凶险的结果。

卦体一阳五阴，五行属土，干支癸巳，时序十一月，卦主初九，卦序二十四。象解：雷在地中阳自复，静而后动又无灾。朋来无咎财增益，除却前尘日日新。

复卦讲的是阳刚回复的问题。阳气回复，正道复兴。一阳来复，指五个阴爻下面一个阳爻，如黎明前黑暗中的太阳刚刚要冒出地平线，时序到十一月，代表冬至，冬至一阳生。社会正气上升，邪气萎缩。人生没有走不过的坎，逆境终成顺境。困难总是暂时的，成功、胜利、春天正向你招手。

无妄（卦二十五）

（震下乾上）

无妄：元亨，利贞。其匪正，有眚，不利有攸往。[(1)]

初九：无妄往，吉。[(2)]

六二：不耕获，不菑畲，则利有攸往。[(3)]

六三：无妄之灾，或系之牛，行人之得，邑人之灾。[(4)]

九四：可贞，无咎。[(5)]

九五：无妄之疾，勿药有喜。[(6)]

上九：无妄行，有眚，无攸利。[(7)]

[译文]

　　无妄卦象征不妄为（即使在无希望的情况下），只要能行善，就亨通。只要守正就有利。如果不守正道，必有灾祸，不利于有所前往。

　　初九：不恣意妄为，勇于前往，会吉利。

　　六二：不耕耘就不图收获，不开垦就不妄想得到良田。以无功利之心（或非分之想）前往反而会有利。

　　六三：不妄为却遭意外之灾（天有不测风云，人有旦夕祸福），人家拴着的牛，被路人顺手偷走，邑人却横遭飞来之祸。

　　九四：能守正，无咎灾。

　　九五：不妄为却染上了疾病，不服药而痊愈，这是喜庆的事。

　　上九：不要胡作妄行，否则将会有祸患，不会有好处。

[通诠]

　　（1）妄，虚妄，乱也。无妄，不妄为。又解为无所希望。元，善。亨，亨通。其，假设连词。匪，通非。眚，灾害、祸患。

（2）无妄，无所希望之时。往，勇于前往。动必以天，行必守正，无往不吉。

（3）菑，音 zī，新开垦的田地。畲，音 yú，耕作三年的田地。耕作两年曰新田。

（4）无妄之灾，意外飞来之灾。或，有人。

（5）可贞，能守正。

（6）疾，病也，指在表皮的小病。药，服药。

（7）行，行动。眚，灾祸。动应有时，不逆理而行，时穷则宜静。

[品读]

无妄，不违背自然法则而妄为。人生有无妄之灾，亦有无妄之喜。无妄之六爻，初曰吉，二曰利，三曰灾，四曰可贞，五曰疾，上曰有眚。人如何面对灾祸，特别是飞来的横祸：一要冷静，二要守正。危者安其位，亡者保其存，居安思危；防微杜渐，化解危难。以守常对彼之无常。打铁还须自身硬，祸从天降亦无妨。凡事尽其在我，吉凶祸福皆委之自然，不必惊慌失措。

卦体四阳二阴，五行属金，干支丙戌，时序九月，卦主初九、九五，卦序二十五。象解：天下雷行无妄卦，不宜谋用利艰贞，安常守分宜忠正，无妄功成道大亨。

无妄卦讲的是无妄之道。什么是无妄之道呢？轻举妄动会遭灾，不轻举妄动会成功。雷行天上是自然规律，按规律办事，能取得成功。"不知常，妄作凶"。常就是规律，妄就是灾，对于难于预测的"无妄之灾""无妄之疾"，其实也存在其内在规律。偶然包含必然。处无妄之灾时，也应奉行无妄之道。顺应天理，顺应自然，顺应时势，也就是顺应事物发展规律。切不可以主观意愿去肆意妄为，改变自然规律。永动机不可能成功，因为天下没有只动不静的道理，反之亦然。说明凡事不可逆天而行。有阳刚正直之行，怀不谋私利之心，动而得时，行而依理，无往不利，必定吉祥。崇尚真实，反对伪谬。不忘初衷，坚守正道。

大畜（卦二十六）

（乾下艮上）

大畜：利贞。不家食，吉。利涉大川。[1]

初九：有厉，利已。[2]

九二：舆说輹。[3]

九三：良马逐，利艰贞。曰闲舆卫，利有攸往。[4]

六四：童牛之牿，元吉。[5]

六五：豮豕之牙，吉。[6]

上九：何天之衢，亨。[7]

[译文]

大畜象征大有蓄积（所积至大），利于守正做事；不让贤士在家自食（食禄于朝廷），吉祥，利于涉越大河。

初九：（在大有蓄积之初）有危险，暂时停止前进有利（指不轻举妄动）。

九二：大车脱掉了车輹，不能前行。

九三：良马追逐，利于在艰难之中守正道。不断熟习车马防卫的技能，有利于前行。

六四：小牛的牛角上有束缚它的横木，大为吉祥。

六五：用阉割之法可以制约公猪锋利的牙齿，吉利。

上九：（蓄道已成）就像走在何等畅通的大道上一样，亨通。

[通诠]

（1）畜，蓄积。大畜，大有蓄积。既可指蓄积财物，还象征尚贤畜德。

不家食，不食于家庭，食禄于朝廷。守正，蓄养，利涉大川。

（2）厉，危险。已，停止。吉祥之时也有危厉。（初九遇二阳相敌，故曰厉。）初九动，动则变，变则蛊。初爻变，大畜变成蛊卦，故厉。

（3）舆，大车。说，通脱，脱离。輹，音 fú，指车轴的部件。此爻揭示应行而有止。

（4）逐，奔逐。曰，语气词，可译为"于是"。闲，熟习。卫，防卫。闲舆卫，指车马防卫之事。良马驰骋不忧险，通途无阻利艰贞。

（5）童牛，小牛。之，有。牿，音 gù，缚于牛角上的横木，一防伤人，二防伤牛角，故大吉。此爻喻离有所止的意义。

（6）豮，音 fén，阉割。豕，音 shǐ，猪。禁暴抑盛，刚躁自止。

（7）何，何等，何其，感叹词。衢，四通八达之大路。天衢，天路。

［品读］

大畜谓指二阴蓄四阳（小畜指一阴蓄众阳），天在山中，大畜之象。象征蓄物、养贤、养德。"不家食"说明在下位的贤士蓄积智慧以待报效国家，在上位的君主蓄积人才，让社稷德智日新，辉耀其荣光。蓄积之道，应依时而行。初出茅庐，不可贸然前进，大车脱輹，不可躁进，良马奔逐利守艰贞。整体畜止，勿使亢进，蓄道大成，辉光日新。

卦体四阳二阴，五行属土，干支己巳，时序八月，卦主上九、六五，卦数七一，卦序二十六。象解：天在山中有大畜，济危拔险顺天时。行藏动止皆如意，云路亨通任所为。

大畜卦讲的是蓄德和养贤的问题。个人有才德，国家有良才、贤臣。力量厚实，基础稳固，德智深泓，通达无碍，蓄道大成，足以济天下之难。时机成熟，大展宏图。小畜卦讲财富的蓄积，大畜讲才德的积蓄。蓄德积善与防患止恶，应并行不悖。

颐（卦二十七）

（震下艮上）

颐：贞吉。观颐，自求口实。[1]

初九：舍尔灵龟，观我朵颐，凶。[2]

六二：颠颐，拂经于丘颐，征凶。[3]

六三：拂颐，贞凶。十年勿用，无攸利。[4]

六四：颠颐，吉。虎视眈眈，其欲逐逐，吉。[5]

六五：拂经，居贞吉，不可涉大川。[6]

上九：由颐，厉，吉。利涉大川。[7]

[译文]

颐卦象征颐养，讲颐养之道，自食其力之理。

初九：舍弃你的灵龟（即自养之道），看我鼓起腮帮子大吃大喝，凶险。（求人之养，有贪禄之心，故凶。）

六二：颠倒颐养之理（六二居中得正，反向下求养于初九，故为"颠颐"），违反以下养上的常理，向处在山丘之上的六五求食，如前行必有凶险。

六三：违背颐养常理，应事先守正防凶。十年也不要妄动，无所利。

六四：颠倒了颐养之道，却吉祥。（六四与初九相应，以贵下贱，礼贤养民。）犹老虎那样专心致志，孜孜以求，自然无灾。

六五：违背常理，安居在家就吉利，不可涉越大河。

上九：依赖上九以养人，知危守正则吉，利于涉越大河。

[通诠]

（1）颐，音 yí，本指面颊，两腮，引申为颐养。颐为口中含物之象。口实，口食。自求口实，指自食其力，自力更生。

（2）舍，舍弃。尔，你的。灵龟，龟为古代神物，比喻自养之德。朵颐，朵，颐垂下动之貌。口含满食物，腮帮子鼓鼓的，与花朵相似。观我朵颐，羡慕别人大吃大喝（垂涎别人的小名小利），舍弃自己的自养之道（人内在的创造天赋）。捧着金饭碗去讨食，"天予不取必受谴"。

（3）颠颐，颠倒颐养之道。六二阴柔居中得正，然不足自养，求养于初九，以上求下养，不正。拂，违背。经，常理。丘颐，此指六五。征，行动，远行。

（4）六三违中失正，违背颐养之道。贞凶，守正防凶。用，动也，此指妄动。

（5）六四与初九相应，四居上应下，显颠倒，但以贵下贱，礼贤养民，布施仁义于四方，故吉。

（6）眈眈，威猛而视的样子。逐逐，相继不绝之貌。虎视眈眈，其欲逐逐，喻专心致志，孜孜以求。"自养于内者莫如龟，求养于外莫如虎"，礼贤下士之心应恒定专一，养人不穷，自养无咎。

（7）拂经，违背常理。居贞，安居守正。

（8）由，自也，从也。此处有依赖的意思。厉，危险，困难。

[品读]

颐卦的中心易理为教人自养，自力更生。它包括养德、养生、养气、养人、养于人等方面。养育万物，各得其宜，养正则吉。下动上静，以下养上，下三爻皆凶，上三爻皆吉，求实自养。以灵龟喻德，上九有颐养天下之任，应居安思危，竭诚尽力。全卦主张自养、养人，反对求养于人。

卦体二阳四阴，五行属土，干支壬辰，时序十一月，卦主上九、六五，卦序二十七。象解：山下有雷颐养也，谨言节饮养其身。养民养物皆从正，动止安和志同心。

颐卦主要讲颐养之道，养人为公，养己为私，贵在自养。养德为大，养体为小。养德以养人，功大而吉，得养之正。天地养万物，清正利众人。养之以理，自力更生，取之有道。

大过（卦二十八）

（巽下兑上）

大过：栋桡，利有攸往，亨。(1)

初六：藉用白茅，无咎。(2)

九二：枯杨生稊，老夫得其女妻，无不利。(3)

九三：栋桡，凶。(4)

九四：栋隆，吉；有它，吝。(5)

九五：枯杨生华，老妇得其士夫，无咎无誉。(6)

上六：过涉灭顶，凶。无咎。(7)

[译文]

大过卦象征阳刚过盛，栋梁扭曲，利于有所前往，亨通。

初六：将洁白柔软的茅草垫衬在祭品之下（以示敬慎），无过错。

九二：枯槁的杨树长出了新芽，像老年男子娶了年轻的妻子，无所不利。

九三：栋梁弯曲，有凶险。

九四：栋梁隆起，吉利。若有其他变故（如栋梁向下弯曲），则有危险。

九五：枯槁的杨树开出了新鲜的花朵，就如一个老态龙钟的妇人，得到了一个年轻男子做丈夫，无咎害，也不值得赞誉。

上六：涉水过大河时被水淹没了头顶，有凶险，但无可指责。（因祸无可避，勇于担当，其勇可嘉。）

[通诠]

（1）大过，即阳刚过盛，大为过越。过犹不及，阴阳失衡，泽水淹没了巽木，越过了常规。栋，房屋正梁。桡，音 náo，木弯曲、扭曲。（两阴在外，力不胜任，故栋桡。）如果此时能力克时艰，拯救危难，则亨通。

（2）藉，音 jiè，衬垫。白茅，洁白的茅草。祭祀时用茅草衬垫祭品，以示敬慎。

（3）稊，音 tí，杨树上新生的枝叶。又王弼曰："稊，通荑，稊者，杨之秀。荑者，叶之新生。"

（4）九三有栋象，又在兑上，兑为毁折，故栋向下弯曲而不能支撑屋顶。

（5）隆，隆起，此指向下弯曲的大梁恢复了原有的平直。九四能匡正九三之误，力挽狂澜于既倒。但九四不能寄望于初六，初六会不堪重负，已隆起之栋会再度弯曲。栋桡，因从本到末都太柔弱。

（6）华，通花，花朵。士，古代对未婚男子的尊称。咎，害。誉，称誉。

（7）涉，本义为徒步过河，引申为渡水。过，超过。顶，头顶。咎，过失。

[品读]

大过卦教人说话做事要讲分寸，要合常理。真理与谬误之间，实质上是差之毫厘，失之千里。抑制阳刚过盛，使之刚柔相济。削刚抑阳，非常人所为。必能兴百世之功，成绝俗之德，把握救治大过的契机，力挽倾颓，独立不惧。"泰山崩于前而色不变，麋鹿行于左而目不瞬，乃为知（智）者，仁者，勇者"。（苏洵语）

卦体四阳二阴，五行属金，干支乙未，时序十月，卦主九四、九二，卦数二五，卦序二十八。象解：泽灭木时为大过，栋梁将桡急扶持。虽然本末俱柔弱，巽悦而行往得宜。

大过卦讲的是凡事不宜过分，而要注重分寸。过与不及均不可，过犹不及。体力不可透支，资源不可耗尽。学生不可负担过重，中青年科学家不可"过劳死"，优秀人才不可负荷过重。负荷过重，栋梁弯曲，大厦将倾。如何力挽狂澜？生死存亡之时，只能以非凡的才智，行非常之事，立百世之功，成千秋之德，独立不惧，拯救危难。

坎（卦二十九）

（坎下坎上）

习坎：有孚，维心亨，行有尚。[1]

初六：习坎，入于坎窞，凶。[2]

九二：坎有险，求小得。[3]

六三：来之坎坎，险且枕，入于坎窞，勿用。[4]

六四：樽酒，簋贰，用缶，纳约自牖，终无咎。[5]

九五：坎不盈，祗既平，无咎。[6]

上六：系用徽纆，寘于丛棘，三岁不得，凶。[7]

[译文]

坎卦象征重重坎险，如用诚信维系人心，会亨通；勇于前行，会得到赞赏和崇尚。

初六：在重重坎陷中，又落入险穴深坑，真是凶险。

九二：在坎陷中又遇到险阻（此时不可抱太大的奢望），只能求得小的助益。

六三：前后都是坎陷，危险而且往下沉（似陷入深渊），不可妄动。

六四：象一樽薄酒，两簋粗饭，用朴拙的瓦器盛着，从窗口递给受难的人，不会有过错。

九五：陷坑尚未填满，小丘却已铲平，无灾咎。

上六：用绳索捆绑，置于荆棘丛中囚禁，多年不能释放，真是一件凶险的事。

[通诠]

（1）习，数飞也，本指初生的小鸟反复练习飞翔。习在此有两义：一为重险，二为练习。习坎，重险也。遇到重重险阻，如何越险，必须经过练习。孚，诚信。维，维系，系结。（另解为语气词，亦可通。）心，坎为心。孚维心，用诚信之德维系人心（或心灵）。心诚如一，才亨通。行，前进，前行。尚，崇尚。

（2）习坎，坎坎相重。窞，音 dàn，小而深的坑。初六处在坎底。坎窞，坎中的深坑，喻坎深险极之处。

（3）得，助益。小得，小的助益。

（4）之，去，往。来之即来往。由内向外曰往，由外向内曰来。枕，沉。

（5）樽，音 zūn，古代盛酒的器具。簋，音 guǐ，古代盛食物的器皿（方形）。缶，瓦器。纳，送入。约，少。牖，音 yǒu，窗户。以木横竖为之，在墙曰牖，在屋曰窗。

（6）坎，陷坑。盈，满。祗，通坻，小丘。九五为半山之象，故言丘。坎坑未填满，丘土已平，其志可嘉，其力不及。

（7）系，捆绑。徽，音 huī，三股线扭成的绳。纆，音 mò，两股线扭成的绳。寘，音 zhì，通置。丛棘，荆棘丛，指囚禁处。不得，不能解脱。

[品读]

初、二、三、五爻皆象坎，坎有险。六四、上六皆险事。坎险害于事，也可利于人。古人对险的心态是，行险而不失其信，越险而不失其时。心有诚，行有尚，往有功，处险不惊，内明善动，有勇有谋，方可化险为夷。生命行进之路，布满大大小小的险境，然而只要目标明，信念贞，内心明，终会"长风破浪会有时，直挂云帆济沧海"。（李白语）

天象雷雨，形态流动，方位北方（先天方位为西方），性格贞柔，器官泌尿系统，动物水族，五色紫、黑，五味咸、酸，数字一、六。

卦体二阳四阴，五行属水，干支壬子癸亥，时序冬至，卦主九五，卦数六六。象解：二水重重为习坎，险中之险未能通。久恒其德存中正，不失孚诚动有功。

坎卦讲的是如何对待坎陷的问题。坎卦下三爻失位，险而凶，上三爻当位，险而无凶。危险害于人，也利于人。历重重坎陷，乐观积极，仍一往无前，阳刚中实，不断进取，临危不惧，处险不惊，有勇有谋，行动起来就可能成功。坎象如水水相连，流水虽有危险，然而只要有信用、阳刚、崇尚（目标、方向明确）、功绩，就能"居善地，心善渊，与善仁，言善信，正善治，事善能，动善时"。（老子语）流水不以满盈为目标，流水的特点在于"行有尚""往有功"。人生如流水，"逝者如斯夫，不舍昼夜"。生命一路风光，一泻千里；有时也坎陷重重，一落千丈。处坎陷之道，非刚猛断行，也不可能一蹴而就，但是要长流不息，百折不挠。有阳刚之才，怀仁爱之德，乾乾无息，进取无疆，何患险坎之不平？人生如水，辉光日新。"夫天将降大任于斯人也，必先苦其心志，劳其筋骨，饿其体肤，空乏其身，行拂乱其所为，所以动心忍性，增益其所不能"。孟子这几句话从个人的层面说明，从生理上要劳动锻炼，从心理上要震动他的心意，坚韧他的性情（属于意志磨炼），从而增加他的才能。从国家民族的层面分析，"国外没有相与抗衡的邻国和外患的忧惧，经常容易灭亡。这样，就可以知道忧愁患害足以使人生存，安逸快乐足以使人死亡的道理了"。（杨伯峻《孟子译注》）说明历坎渡险的作用与意义多么重大。历险当然要讲究策略，首要是坚定信心，心中有信仰，坎有险，求小得，积小得成大用，切不可盲目冒进。维心亨，往有尚，行有功，居中道而光其德。"险坎元当便习通，保邦保国自相容。半天列阵寒鸦鹊，一雁凌霄彻上穹"。（邵雍撰、柯誉整理《河洛真数》）

卦变歌

讼自遁变泰归妹，否从渐来随三位。

首困噬嗑未济兼，蛊三变贲井既济。

噬嗑六五本益生，贲原于损既济会。

无妄讼来大畜需，咸旅恒丰皆疑似。

晋从观更睽有三，离与中孚家人系。

蹇利西南小过来，解升二卦相为赘。

鼎由巽变渐涣旅，涣自渐来终于是。

离（卦三十）

（离下离上）

离：利贞。亨。畜牝牛吉。[1]

初九：履错然，敬之，无咎。[2]

六二：黄离，元吉。[3]

九三：日昃之离，不鼓缶而歌，则大耋之嗟，凶。[4]

九四：突如其来如，焚如，死如，弃如。[5]

六五：出涕沱若，戚嗟若，吉。[6]

上九：王用出征，有嘉折首，获匪其丑，无咎。[7]

[译文]

离卦象征附丽与光明，利于坚守正道，达到亨通。畜养母牛可获吉祥。

初九：走路做事谨慎小心，恭敬从事，无灾咎。

六二：以黄中之色附丽于物（附丽于中正之道），至为吉祥。

九三：日薄西山，若不趁机敲击瓦缶唱起歌，就会有年迈力衰的嗟叹，凶险。

九四：灾祸突然发生，大难来临，大火在燃烧，人们在死亡，东西都被抛弃了。

六五：泪流不断，忧伤悲切（但履正得助），终获吉祥。

上九：天子带兵出征讨逆，有喜庆。既有斩首，又获俘虏，无咎害。

[通诠]

（1）离，本义为黄鹂鸟（又名黄莺），引申为附丽，附着。（黄怀信

《新解》认为，离代表太阳，象征亮丽辉煌，此说可存。）利贞，（附丽）有
利于遵循正道，可得亨通。畜，畜养。牝牛，母牛。母牛外强而内顺，柔顺
诚厚。

（2）履，步履。此指走路。错然，本为交错貌，此指小心谨慎的样子。
敬之，以恭敬的态度做事。

（3）黄，中色（坤为黄）。以黄中之色喻中正之道。黄离即附丽于中正
之道。

（4）日昃，太阳偏西。初九表示早晨的太阳，六二表示中午的太阳，
九三表示下午的太阳。昃，音 zè，偏斜。日昃，日薄西山。日昃之离，喻
年老体弱之人。缶，盛食物的瓦器，也是一种乐器，秦人鼓之以歌。耋，音
dié，年八十曰耋。嗟，叹词，此指悲叹。

（5）突如，突然，突如其来，突然而来。焚如，燃烧貌。弃如，抛
弃貌。

（6）涕，泪水。沱，音 tuó，泪水滂沱貌。戚，忧伤。

（7）嘉，美，多。折首，斩首。匪，非。丑，类。获，俘获。获匪其
丑，俘获的不是他们的同类。

[品读]

离卦中的阴爻象征燃烧的物体，两个阳爻象征燃烧发出的火光。火的特
点是光明、亮丽。离卦还象征太阳。太阳朗照，明见万里。"明两作"，指
光明持续不断。火须依附于物才能展现光明，人的生命须依附于正道，才能
发光、发热。

初爻似太阳刚出地平线，明暗交错，走路做事要小心，"履错然"，切
不可恃才傲物，宜恭敬从事，才不会出大差错。六二象征光明恰到好处，象
征其人已有一定的社会地位，遵循中正之德为佳。九三，人到中年，应学会
自得其乐，如果还一味逞强好胜，必有大耋之叹。九四教人如何应对突如其
来的灾难。九四失位不正，盛极而衰，应安然应对。六五德薄而位尊，力小
而任重，应居安思危，反思内省，谨慎自持，结果是吉祥的。上九德才兼
备，德高位重，明察决断，可引领国家走向辉煌，让生命之光大放异彩，以
文明教化天下。

卦体四阳两阴，五行属火，干支丙巳丁午，时序夏至，卦主六二、六

五，卦数三三，卦序三十。象解：明明相继离之象，日月当天照四方。文德养成忘物我，人性和合得辉光。

形态明亮，天象太阳，方位南方（先天方位为东方），人物美女，动物野鸡，器官心脏，病症眼疾，食物烧烤物，物品灯火，五色红、紫，五味为苦，数字三、二、七。

离卦讲的是人生亮丽辉煌的问题。离象征火。火的第一特点是光明，光明朗照，化育天下万物。生命如火附着于物，不断发出光亮，大人能长期保持、发展自己的智慧，以智慧光照天下。火的第二特点是附属。（离，丽也，丽就是附属，依附。）日月丽乎天，草木丽乎土，人丽乎正道，才能化成天下。初九履错然，地位低，才智不足，要有敬重之心。如果自认为学识高，年轻有为，恃才傲物，没有不出问题的。六二爻说明一个人聪明才智的展示要恰如其分。"黄离，元吉"。黄属中色。思不出位，有了一定的社会地位后，要恰如其分地运用才智。九三，日昃之离，太阳偏西，人过中年不可逞能斗勇，争名夺利。九四妄动躁进，急功近利，灾祸降临。六五德薄位尊，力小任重，但谨慎自持，反而吉祥。上九是人生辉煌时期，生命大放异彩，德高位尊，阳刚果决，建立了丰功伟绩，为天下人做出重大贡献，为民除害，治国有方。

天灾人祸在古代常遇到，要防灾，灭灾，先作预案，防患于未然。大灾过后，应痛定思痛，积蓄力量，挽回损失。火要空心，人要真心。正邦安国，惩恶扬善，用光明磊落的胸怀去处世、创业。

大衍之数

大衍之数，有五十或五十五两种说法。

"大衍之数五十，其用四十有九"。（《系辞传上》）《十五讲》据令本《系辞》认为"大衍之数五十"后脱"有五"二字，即大衍之数为五十五。"大衍"为同义复词，大衍，即扩大之数、总括之数。一、三、五、七、九之和为二十五，称天数，二、四、六、八、十之和为三十，称地数。天数与地数之和五十五，其六以象六爻之数，故减之，五十五根蓍草只用四十九根。经过"分二""挂三""揲四""归奇"之"四营"，才能得出七、八、九、六中的一个，经过十八变才能生成六画卦。笔者倾向"五十五"之说。

下　经

咸（卦三十一）

（艮下兑上）

咸：亨，利贞。取女吉。[1]

初六：咸其拇。[2]

六二：咸其腓，凶。居吉。[3]

九三：咸其股，执其随，往吝。[4]

九四：贞吉，悔亡。憧憧往来，朋从尔思。[5]

九五：咸其脢，无悔。[6]

上六：咸其辅颊舌。[7]

[译文]

咸卦象征感应（交感），亨通。宜于守正。若娶情投意合的女子为妻，就吉祥如意。

初六：触动她的脚趾。

六二：感应到小腿肚，会有凶险（因急躁妄动，亵渎轻慢）。安居守静，可获吉祥。

九三：感应到大腿，不盲目跟随他人。若急于盲动向上，会困难重重。

九四：守正则吉，悔恨消除，只要往来不绝，朋友最终会顺从你的意愿。

九五：感应到背脊，无悔恨。

上六：感应到面颊口舌上（以言语相感）。

[通诠]

（1）咸，从戌从口，本义为军人拿起武器，戍守边疆，保家卫国。古代征兵制以家为单位，每家须有人应征，故有"全都"义。引申为感应、交感。古人认为，无心之感，即无所不感。咸卦讲男女有心之感及天地无心之感。取，同"娶"。利贞，感情纯正，则吉。不以正相感，小则家乱，大则国凶。

（2）拇，足大指。（指所感尚浅，小有动志。）

（3）腓，音 féi，小腿肚。六二居艮中，若急进而动，有失位之险，且为九三、九四所忌，故凶。居，安居守静，勿急进，吉利。否则就凶险。

（4）咸，感应。股，大腿。执，抓，引申为掌握。其，自己。随，此指脚趾。执其随，控制自己的脚，不盲从追随于他人。往吝，向上追求上六，为九四、九五所阻隔，前往必有困难。

（5）九四为兑初，初六与艮初相应，其应则顺，故贞吉（守正则吉）。悔亡，悔事消亡。憧憧，音 chōngchōng，心神不定貌，又有往来不绝貌。朋，友朋，指初九。尔，你，指九四。思，意愿。

（6）脢，音 méi，背脊。另解为喉间，亦通。

（7）辅，上牙床。辅、颊、舌都是用来说话的，指两情交感热烈，纯真。

[品读]

咸卦讲的是男女相亲、阴阳交感的问题，代表夫妇之道。交感于脚趾尚浅，无吉凶之分；交感于腿肚，躁凶安吉；交感于大腿，盲动求上必吝；交感于背脊，心难通，仅无悔；交感于言，则应相感以诚。无心之感，以正相交。天地交感，化生万物。

卦体三阳三阴，五行属金，干支庚戌，时序五月，卦主九五，卦数二七，卦序三十一。象解：兑泽艮山咸感也，有感方通理大常。上下和同虽吉兆，虚中受物更为良。

咸卦说明男女交感是一个曲折发展的过程。"窈窕淑女，君子好逑"。卦象是少男在下，少女在上。少男主动追求少女，谦恭居下，以示尊重对方，且以礼相待，感情忠贞纯洁，以此赢得少女欣悦，把婚姻建立在纯洁的爱情之上，其结果必吉祥。古代男子求亲，要经过纳采、问名、纳吉、纳征、请期、亲迎的全过程。男子相求以礼。卦的爻辞介绍了两情感应的六个步骤，初六感应于足趾，只是两情相悦的初始。六二感应于小腿肚，此时应静以守正，不可急进而动，否则有凶险。九三使大腿有感应。九三在艮，艮为止，止则有礼（理），应与下于己的六二交感。不可盲目躁动。九四感应于"心腹"，情归于心，吉利。九五感应于脊背，是人体敏感部位。上六感应于口舌。两情交感热情，真实，纯真，神圣。综上可知：相感以正，相感以诚，相感以真，相感以心。精诚所至，金石为开。男女以正相交，家庭和睦，圣人感化人心，天下和平昌盛。人与人的交往也是一个渐进的过程，盲目追随、任意妄动会有凶险。与人以诚相交，心地纯正，才可能建立和衷共济的友好关系。

先天八卦方位图

先天八卦图明示了阴阳对称，八卦相错。

乾一、兑二、离三、震四，四阳卦，呈逆时针方向；巽五、坎六、艮七、坤八，呈顺时针方向。而由震至乾，由一阳、二阳至三阳，似由春至夏，由下到上为往，故谓"数往者顺"；从坤到巽，由三阴、二阴至一阴，似由冬到夏，由巽到坤，由上而下，属于来，故称"知来者逆"。阳长阴消，主宰万物出生收藏。

明示了"天左旋，地右转"的机理。四阳卦，由左向右旋转，四阴卦，由右向左。以左旋为顺，以右旋为逆，震是春，离是夏，兑是秋，坎是冬。揭示了一个四季阴阳消长的规律。

恒（卦三十二）

（巽下震上）

恒：亨，无咎，利贞，利有攸往。[1]

初六：浚恒，贞凶，无攸利。[2]

九二：悔亡。[3]

九三：不恒其德，或承之羞，贞吝。[4]

九四：田无禽。[5]

六五：恒其德，贞，妇人吉，夫子凶。[6]

上六：振恒，凶。[7]

[译文]

恒卦象征恒久坚持，会亨通，无过错，利于持守正道，利于有所前往。

初六：一开始就深求恒道（违背循序渐进的规律），占问结果凶险，无所利。

九二：悔恨之事将消失。

九三：不能恒久保持自己的美德，将蒙受羞辱，做事会遇到困难。

九四：打猎没有捕获禽兽。

六五：恒久地保持自己的美德，占问吉凶，对于妇人吉祥，对于男子有凶险。

上六：对于恒久之道躁动不安，有凶险。

[通诠]

（1）恒，长也，久也。雷上风下，自然恒常不变，男动于上，女悦于下，夫妻之道，恒久不变。行久名远，变通依时。恒其德，故利贞。（贞，守正之德。)

（2）浚，音 jùn，本为疏通，引申为深远。浚恒，求之太过，超出恒常。如挖水沟，一下子挖得很深，水反而会倒流，违背了事物发展由浅入深、循序渐进的规律。初六为长女的主爻，阴处阳位，质柔志刚，急躁冒进，欲速则不达。

（3）九二本应失位而悔，但能恒守中道（中者，天下之大本），长久不变，悔恨的事情将会消失。

（4）或，将。承，承受。羞，羞辱。吝，难。(长女无中正之德，朝三暮四，行为不轨，被休弃，遭受羞辱。)

（5）田，通畋，打猎。禽，兽的总称。(九四以阳居阴，不中不正，徒劳无功，积弊难返。)

（6）德，此指柔美的品德，六五阴柔，妇人保持柔顺之德，吉利。但男子无阳刚之气，缺乏进取精神，既不能成就事业，又不能养活家人。夫子，男子。占问的结果，当然是妇人吉，夫子凶。

（7）振，动也。动则难持久。对持久之道躁动不安，即成为无恒，自然凶险。上六应以静制动。震动太久，不能守恒，大而无功。

[品读]

永恒持久，非一成不变，还应审时度势，穷则变，变则通，通则久。守恒之道，一要忌急于求深，求成，躁动冒进。二要保持中位，中德，中和。如无恒久之德，求学太锐不以序，求治太速不以渐，则南辕北辙，田而无禽，劳而无功。三要刚柔相济，女柔男刚，合于正道。保持恒道有艰辛，盲目求甚，失中无恒。关键是德之固，固则恒。

卦体三阳三阴，干支丁酉，五行属木，时序七月，卦主九二，卦数四五，卦序三十二。象解：雷风相遇恒常也，巽动相须事有成。日月得天而久照，人能应变道常亨。

恒卦教人立身处世要持之以恒。但恒卦六爻无一全吉，初六为恒之初始，耐不住性子，三分钟的热度，欲速不达，无攸利。九二不当位，贵在守中，方得悔亡。九三躁动，受人羞辱。九四不恒其德，劳而无功。九五能恒守柔美之德，但不能因时而动，吉凶参半。上六知动不知静，面临凶险。在动态中保持恒久是一件艰难的事。人贵有德，德贵有常。所谓富贵不能淫，威武不能屈，贫贱不能移。不变其守，守能恒久。顺应自然，天长地久。

小衍之数

小衍之数即五行之数，一（水）、二（火）、三（木）、四（金）、五（土），一至五为生数，六至十为成数。万物有生数方能生，有成数方能成。生与成皆有其数。一、三、五为阳数，和为九，九为阳数之极，二、四为阴数，和为六，六为阴数之极。

卦气图（七十二候图）

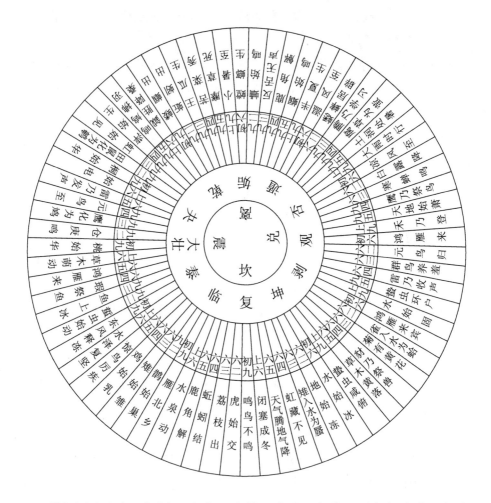

卦气图（七十二候图）取十二辟卦以表述一年十二月气候变化，创自西汉孟喜，传自京房。以坎、离、震、兑为四正卦，表四时，其二十四爻代

表二十四节；以十二辟卦代表十二月，其七十二爻代表七十二候。概括了古代天文、历法、物候知识，显示四时循环周期，及人天统一思想。

——（唐明邦《天人之学——唐明邦自选集》）

遁（卦三十三）

（艮下乾上）

遁：亨。小利贞。[(1)]

初六：遁尾，厉，勿用有攸往。[(2)]

六二：执之用黄牛之革，莫之胜说。[(3)]

九三：系遁，有疾厉。畜臣妾，吉。[(4)]

九四：好遁，君子吉，小人否。[(5)]

九五：嘉遁，贞吉。[(6)]

上九：肥遁，无不利。[(7)]

[译文]

遁卦象征隐退，逃避（不受小人陷害），可能会亨通，占问有小利。

初六：退避而落在末尾，有危险，不宜有所前往。

六二：用黄牛皮制成的绳索捆绑，没有人能逃脱。

九三：退遁之时，心有所系（羁绊），这样会有苦痛（疾厉）。畜养臣仆侍妾，可获吉祥。

九四：喜欢及时退避，对君子吉利，对小人则不利。

九五：合乎时宜的遁隐，很吉利。

上九：宽裕自得，远走高飞退隐而去，无所不利。

[通诠]

（1）遁，音 dùn，隐退，逃避。（匿迹避时，奉身退隐。）小，小有作为（不宜有大动作）。利贞，占问有利。（另说：小，指六二，六二居中曰利贞。）

（2）尾，末尾。（初、六在卦尾，初在六二后，故曰尾。）初为尾，卦之上为首，遁尾，退避之时不要落在末尾，应速避小人攻击。（二阴爻已成攻击之势，阴长阳消。）

（3）执，束缚，捆绑。革，皮。莫，没有人。胜，能。说，通脱，逃脱。（六二居中应九五，固志守正，无人能改变其志节。）

（4）系，系念，羁绊。畜，畜养。臣妾，男奴为臣，指下人。女奴为妾，婢妾。疾，疾病。厉，危险。疾厉，泛指苦痛。（九三处下卦之终，遇九四，相敌不通。下与六二亲比，心有所系，只宜为畜养臣妾之事，不宜为大事。）

（5）好，喜好。（九四应于初，初为九四所好，虽心怀恋情但能坚决隐退。）

（6）嘉，美也。（九五刚中居正，既不像九三心系难舍，也不像九四忍痛割爱，而是审时度势，时止时行，坚守正道，合乎时宜地隐退。）

（7）肥，心地宽裕自得。（另讲：肥有疾速高飞，遨然退避之象，下无应与，高飞速隐，无所不利。）

[品读]

遁卦的主旨是及时隐退。"居庙堂之高，则忧其民，处江湖之远，则忧其君"。初爻隐退太晚，祸近其身。六二于遁，不能解脱，自固其志。九三因系遁而苦痛。九四因好遁而吉利。唯九五合乎时宜地退隐而去。上九肥遁，心无所疑，亦无所系，超然物外，洁身隐退，独善其身，无所不利。

卦体四阳二阴，五行属金，干支甲申，时序六月，卦主六二、九五，卦数一七，卦序三十三。象解：天下有山为遁象，埋光铲彩以修身。顺时达变贤君子，不恶而严远小人。

遁卦并非消极隐退，而是要求坚守高尚节操，重视主体本质力量的增长。暂时后退，积能蓄力。进退有止，韬光养晦，以退为进。

大壮（卦三十四）

 （乾下震上）

大壮：利贞。[(1)]

初九：壮于趾，征凶，有孚。[(2)]

九二：贞吉。[(3)]

九三：小人用壮，君子用罔，贞厉。羝羊触藩，羸其角。[(4)]

九四：贞吉，悔亡。藩决不羸，壮于大舆之輹。[(5)]

六五：丧羊于易，无悔。[(6)]

上六：羝羊触藩，不能退，不能遂，无攸利，艰则吉。[(7)]

[译文]

大壮卦象征大而强盛，利于坚守正道。

初九：把刚猛强大的力量用在足趾上（依仗脚力过人），前行会遇凶险。心存诚信，方可避险。

九二：持守正道获吉祥。

九三：小人逞强妄动，君子守静不妄动，占问结果有危险。就像强壮的公羊冲撞藩篱，羊角必被拘累缠绕（难于挣脱）。

九四：守静不妄动会吉利，悔恨消失。公羊冲裂了藩篱，羊角从拘累中挣脱出来，比大车的辐条还要强固。（輹壮可远行，获吉祥。）

六五：在田畔丢失了羊，但无悔恨。

上六：公羊强撞藩篱，进退两难，无所利。如果不妄动，艰苦地坚守正道（度势而行），终会吉利。

[通诠]

（1）大壮，大而强盛。乾阳主内，阳盛阴衰，卦属二月，惊蛰一到，万物萌发，如同强盛的公羊力量充盈。君子应以正处壮，以严处壮。防好华饰，喜高大。守正不争，会有利。贞，正。

（2）趾，脚趾。征，前往进发。脚力强盛，东征西讨，凶险。心存诚信，坚守正道，可避凶险。（初九与九四无正应，不具备征进条件，征进必凶。须自守诚信，阻止冒进。）

（3）九二刚柔得中（强壮而又谦恭），行中道，履中和，守正道，获吉祥。

（4）罔，通无，用罔，不用壮，与首句对举，意义相反。羝，音 dī，三岁以上公羊。藩，篱笆。羸，音 léi，拘累缠绕。（九三以阳居阳位，与上六正应，是强中之强，但九三守正，不恃强用壮，恃强凌弱。小人用壮，如羝羊触藩，被纠缠无法解脱。）

（5）决，开，破。辐，同辐，车轮中的辐条。（九四上无所应，下无所阻，乘大车而上，动则变正，能与六五易位，各得其正。故做事吉利，悔恨消失，藩篱冲开，利于前往。）

（6）易，田畔。（六五得中，行事适中，以刚处中，壮之正也，无所用壮，虽丧羊，仍无悔。）

（7）遂，进也，与上句退相对。（上六处大壮之终，壮而能止，才能有广阔的上升空间。）图缓进，慎安排（切莫进退失据），可获吉祥。

[品读]

大壮卦的主旨是，处于强大鼎盛之时，宜守正（守静）不争，特别要制止盲动。力量充盈是好事，要知雄守雌，泰而不骄，富而好礼。秉刚正之德，天正则地正，上正则下正。正大是天地的性情。强大不要体现在脚力上，要蕴藏在心智上，恃强用壮，会纠缠于藩篱。丧羊得马，焉知非福。守正固志，灾难不会长久。物极必反，否极泰来。大壮者须大智大勇。

卦体四阳二阴，五行属金，干支丙寅，时序二月，卦主九四，卦数四一，卦序三十四。象解：雷上于天为大壮，凡占不可恃其刚。攸行用壮应伤己，退守谦和反吉祥。

大壮卦讲的是力量强大时守静不争。大而强盛是美好的阶段，应时时约束自己，切忌勇往直前。壮而用正，亦刚亦柔。卦中六爻，唯九二贞吉（大而且正）。初九把刚猛之力用在脚趾上，壮而居下，壮而不大，气血方刚，卑而气刚，援寡心躁，动则招凶。九三用刚太过，暴虎冯河，实为匹夫之勇。专恃刚狠，有勇无谋，祸必及身。九四因壮大守正而无悔。六五丧羊得马，无悔。上六进退维谷，处于两难困境。实施大壮之道，须"壮而能止"，徐图缓进，审时度势，坚守信义，长为福葆。"守志休谋望有灾，当逢天水好和谐。立身正大无虚险，自守林中一果开"。（邵雍《河洛真数》）

五行归类简表

五行	木	火	土	金	水
方位	东	南	中	西	北
天干	甲乙	丙丁	戊己	庚辛	壬癸
地支	寅卯	巳午	辰戌丑未	申酉	子亥
四季	春	夏	长夏	秋	冬
五形	矩形	尖形	方形	圆形	波形
五色	青	赤	黄	白	黑
五味	酸	苦	甘	辛	咸
五志	怒	喜	思	忧	恐
五智	仁	礼	信	义	智
五脏	肝	心	脾	肺	肾
五腑	胆	小肠	胃	肠	膀胱
五官	目	舌	口	鼻	耳
五体	筋	脉	肉	皮毛	骨
五魄	魂	神	意	魄	精
五气	风	暑	湿	燥	寒
五化	生	长	化	收	藏
五温	温	热	自然	凉	寒
六神	青龙	朱雀	勾陈螣蛇	白虎	玄武

—— （林文崇《易经学习实用手册》）

晋（卦三十五）

（坤下离上）

晋：康侯用锡马蕃庶，昼日三接。[1]

初六：晋如摧如，贞吉。罔孚，裕无咎。[2]

六二：晋如愁如，贞吉。受兹介福，于其王母。[3]

六三：众允，悔亡。[4]

九四：晋如鼫鼠，贞厉。[5]

六五：悔亡，失得勿恤。往吉，无不利。[6]

上九：晋其角，维用伐邑，厉，吉。无咎，贞吝。[7]

[译文]

晋象征进升（昇），尊贵的公侯接受天子赏赐的众多车马，一天之内多次接受召见。

初六：开始进升之时要谦让（要低调），坚守正道，待时而进，可获吉利。如果暂时没取得众人的信任，用宽裕之心等待时机，必无灾害。

六二：进升之路坎坷，心中有忧虑，始终持守正道（恭敬谨慎），可获吉祥。将从尊贵的祖母那里接受宏大的福泽。

六三：进升之时获得众人的信任，悔恨就会消亡。

九四：上进之时不要得意忘形，千万不要像身无一技之长的鼫鼠那样，贪而畏人，这种情况十分危险，应该坚守正道防灾。

六五：悔恨消失，不要太多注重个人得失，勇往直前必吉祥，无所不利。

上九：上进到了极点，如同到了兽角的尖端，宜于征伐属邑，建功立业，虽有危险，终获吉祥。无灾难，只有一些困难而已。

[**通诠**]

（1）晋，进也，象征进升。日出地上，上升到天空，光耀大地。康侯，犹言尊贵的诸侯。（另说康侯是指周武王之弟，名封，因初封于康，故称康侯。此说可参。）用，虚词，无实义。锡，同赐，赏赐。蕃庶，众多，丰富。三，泛指众多。昼日，一日之间。接，接见。

（2）晋如，上进貌。摧，退也，指谦恭退让的样子。罔，通无。孚，诚信。裕，宽裕，此指宽缓待时。

（3）愁如，忧愁的样子。（六二居两阴爻之间，欲进升无上援，上升之路荆棘遍布，一时受挫，故愁如。）介，大也。王母，祖母（指六五）。于其，由其，指六二受到六五的恩宠。

（4）众，众人。允，信任。（六三的理想符合大多数人的理想追求。）

（5）鼫鼠，田鼠，又称"无技鼠"。其特点是，身无长技，贪食怕人。"能飞不能过屋，能缘不能穷木，能游不能渡谷，能穴不能掩身，能走不能先人"。（九四居三阴之上，不中不正，其欲上进，却上畏于君，下畏于民，无专门技能，故以鼫鼠喻之。九四欲上进，处于危厉之境。）

（6）恤，忧虑。失得无恤，所得所失勿忧愁。（六五居不当位，以阴居阳，以柔居尊，且在离中，失也无愁，得也无忧。六五顺上九，飞龙在天，上进前往，无不利。）

（7）角，兽角，喻上九已进入顶端。维，通唯，发语词。用，宜。邑，属邑。用征战服人，服而有"吝"，故曰贞吝。厉，危厉。

[**品读**]

晋升之道在于柔进上行，在上者须虚中知人，在下者需公忠体国。在战争中以柔顺之道迎战对方，进攻时要取信于众人。一旦进攻，必勇往直前，不可患得患失，临危而取其坚。师出以名，攻心为上，使其诚服。

卦体二阳四阴，五行属火，干支己未，时序二月，卦主六五，卦数三八，卦序三十五。（三十为离位，五为中数、中位，五数为土）。象解：日出于地晋文明，辉光普照德非轻。田蚕进益家兴旺，职位高迁事功成。

晋卦讲的是晋升之道。明出地上，象征太阳从东方冉冉升起，在地为柔，在上为进；在天有光辉灿烂之美，于地有亲民之象。但晋升之道并非一帆风顺。初六遇险缓图，宽裕时日，进退无咎。六二当位，居中受福。六三上即为离，获公众信任。六四身无长技，处位不当，进退失据。六五去其计功谋利之心，反而有庆。上九以力服人，非心服也，以伐小邑为象，犯危获吉，但于正道不足取。晋如日升，乾坤朗照，上明下顺，即在上者须有知人之明，在下须有公忠体国之志。道德光明，顺以上行，为晋升之本义。自昭明德，积极进取。宏大事业，利益万民。

月体纳甲图

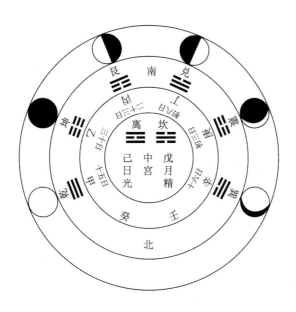

月体纳甲说，乃卦气说的一种形式。将道家内丹理论同月亮盈亏、四时变化相联系，以便掌握自然法则。置坎离于中宫，指"日月为易，刚柔相当"，表示月体凭日照发光。震表示一阳已生，月起于西方；巽表示一阴已萌，亦配于西方。上弦月在南方，兑乃二阳之象；下弦月也在南方，艮乃二阴之象。北方不见月光，表示乾消坤藏。一月之中月亮盈亏变化过程，一览无余。此图首见于《周易参同契》。

——唐明邦《天人之学——唐明邦自选集》

明夷（卦三十六）

（离下坤上）

明夷：利艰贞。[1]

初九：明夷于飞，垂其翼。君子于行，三日不食，有攸往，主人有言。[2]

六二：明夷，夷于左股，用拯马壮，吉。[3]

九三：明夷于南狩，得其大首，不可疾贞。[4]

六四：入于左腹，获明夷之心，于出门庭。[5]

六五：箕子之明夷，利贞。[6]

上六：不明，晦。初登于天，后入于地。[7]

[译文]

明夷象征光明损伤，利于君子在艰难中坚守正道。

初九：光明受到损伤，不能展翅高飞（要低垂着翅膀）。君子行走在路上，已多日没顾上吃饭，此时如有所前往，会受到主事之人的责难。

六二：光明受到损伤时，左边的大腿受伤了，借助良马来拯救受伤者，可获吉祥。

九三：在光明受到损伤时，到南方狩猎并实行征伐，俘获元凶首恶，此时不可操之过急（宜从长计议），应守正持固。

六四：进入到左方腹部的位置，深刻认识到光明受伤害的内在原因，然后毅然跨出门庭离去。

六五：殷商大臣箕子在光明受到损伤之时（佯狂为奴），但仍守正持固，终获吉利。

上六：如同不发出光明反而带来黑暗的昏君，初登临于天上，其后必坠落于地下。

[通诠]

（1）明夷，光明（受到）损伤。明入地中，光明夷灭。当光明受损伤之时，应自我隐晦光明（内保光辉品德），方有利于在艰难条件下坚守正道。

（2）飞，飞高远走。（初九处离卦下爻，有上飞之象。）垂其翼，低垂着翅膀，小心翼翼，避祸远行，连饭也顾不上吃。主人有言，主人指六四，主事之人。因初九与六四互震，震为主人。言，责难。

（3）股，大腿。左股，左腿。常人以右为使，以左为辅。古代文化以左为阳，男左女右。初在足，故曰行。二在初之上，故曰股。拯，拯救。此指及时用良马来拯救伤者。壮，强壮。

（4）南，南方，离为南，南方为火。狩，冬猎。南狩，有征伐异类之行。大首，元凶首恶。疾，急速。（诛顽凶宜缓不宜急，急则必失。）

（5）左腹，左方腹部，指隐蔽之所，腹心之地。此指明夷之人洞察光明受伤的内在之情（内在原因）。一爻为室，二为户，三为庭，四为门。六四出庭至门。

（6）箕子，与纣同姓，殷商贵族。箕子屡谏受阻，于是"自晦其明"，披发佯狂为奴，内坚其志，终免于害。

（7）不明晦，本应放出光明，却反生黑暗。上六之晦，来自明夷之初，初时有"于飞"之象，初飞于天。夷极则入地，故为"后入于地"。

[品读]

光明损伤应守贞待时。明入地下，初飞之时应低垂其翼，切不可展翅。六二则伤其左股。九三是君子对光明被损伤的反击。六四则是进一步认识光明受伤的内在原因。六五以箕子为例，赞美他居静守正的智德。以商汤被灭亡的教训，说明要守明夷之道。明夷不可怕，可怕的是失去治国的法则。

卦体二阳四阴，五行属土，干支乙酉，时序九月，卦主六五、六二，卦数八三，卦序三十六。象解：伤明之象号明夷，铲彩埋光始得宜。柔顺克谦卑自牧，乐天知命待明时。

明夷讲的是光明受损时应注意的问题，即人处艰难时应坚守的品格与应对的方法。初九在光明夷灭时，低垂其翼，不急于行道。六二在左股受伤时，秉持中和之德，顺应事物发展的规律。九三除恶时从长计议，是君子对光明被夷的反击。六五以箕子蒙难为例，称赞其坚守光明的品德。上六以初登于天，后入于地，说明光明损伤，守贞待时是正确的选择。"因事艰难无可成，时宜莅众晦中明。无伤尤有迍邅志，进步亨衢指日升"。（邵雍《河洛真数》）本卦卦主六五的诗断是："百花开尽果方成，须信前程晚后亨。且说暮年光景好，蟠桃先报一枝春"。（同上书）韬光养晦敛锋芒，艰苦隐忍蓄力量。邪恶难长久，正义必伸张。

文王八卦方位图

文王八卦方位图即《后天八卦方位图》。邵雍所传，用释《说卦》"帝出乎震"一节所示八卦方位。朱子云："邵子曰：此文王八卦，乃入用之位，后天之学也。"以震兑离坎代表东西南北，称四正卦，余为"四隅卦"，亦称"帝出乎震图"。古代天文仪象的设置以此方位为准。后天八卦是按顺时针方向运行，其卦数并不固定。此图顺序为坎一、坤二、震三、巽四、乾六、兑七、艮八、离九。

仰观天文图

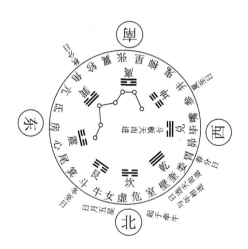

本图由三部分构成：外圈是二十八宿图；中圈为后天八卦图；内上为北斗七星图。主要揭示八卦与星宿运行的对应规律，属科学易的范畴。

震为东北，二十八宿中，角、亢、氐、房、心、尾、箕七宿有龙的形象。震为东方，为正春，为青。东方七宿称为东苍龙。

北斗七星是排成杓形的七颗星，从斗身上端开始，至斗柄末尾，依次命名为天枢、天璇、天玑、天权、玉衡、开阳、摇光。斗柄东指，天下皆春；斗柄南指，天下皆夏；斗柄西指，天下皆秋；斗柄北指，天下皆冬。

震、离、兑、坎四卦，分别对应东、南、西、北四方和春、夏、秋、冬四个季节。

——唐明邦《天人之学——唐明邦自选集》

家人（卦三十七）

（离下巽上）

家人：利女贞。[1]

初九：闲有家，悔亡。[2]

六二：无攸遂，在中馈，贞吉。[3]

九三：家人嗃嗃，悔厉，吉。妇子嘻嘻，终吝。[4]

六四：富家，大吉。[5]

九五：王假有家，勿恤，吉。[6]

上九：有孚威如，终吉。[7]

[译文]

家人卦象征一家之人，利于女子守持正道。

初九：防止外邪侵入家庭或家内邪恶之事发生，悔恨就会消失。

六二：不专断其事，主持家中饮食事宜，持守正道，可获吉祥。

九三：治家过于严厉，虽有悔恨危险之事，但最终吉祥。妇人、子女在家骄佚嬉笑（指治家过于宽松，无规矩礼节），终有灾难。

六四：使家庭富裕，大为吉利。

九五：君王驾临家庙（祭祀祖先），无须忧虑，吉祥。

上九：治家有诚信，有威望，最终会吉利。

[通诠]

（1）家人，一家之人。下离上木，木在火上象征火塘。巽为长女，离为中女。六二、六四，女正于内，上九、九五、九三，男正于外。九五为天、为父，六二为地、为母，正是古代的"家人"观。

（2）闲，本义为栅栏，引申为防止，防范。有，读为于，在此无实义。此爻指治家要防患于未然。

（3）遂，成也，此指"自专"。无攸遂，无所专断。在中，在家中。馈，指家中饮食事宜。贞，守正。

（4）嗃嗃，严酷貌。悔厉，悔恨和危险。妇子，妇人及子女。嘻嘻，象声词，笑闹声，指骄佚嬉笑之事。（纵情恣肆，丧失恩义、道义。）

（5）富，使……富裕。勤俭持家，日渐富实，是家人卦对妻道的规正。

（6）王，君王。假，通格，至。恤，忧虑，忧愁。

（7）孚，诚信。威，威严，威望。如，语助词。威从何来？反躬自省，严于律己。正人先正己。

[品读]

家人卦讲的是治家之道。治家之本，惟信与威，有信能久，有威有严，宽严适度（严是爱，松是害，不管不教要变坏），严正柔顺，家人自化。治家要严守礼仪。家正六亲和，互相关爱，家和万事兴。正家天下定。

卦体四阳二阴，五行属木，干支壬午，时序五月，卦主六二、九五，卦数五三，卦序三十七。象解：风从火出曰家人，外象柔和内象明。明顺相因家道正，人财增益宅安宁。

家人卦虽讲古代治家之道，今天仍有借鉴意义。家庭是社会的浓缩，是安全的港湾。家齐则国治。齐家在于家道正。女处中得正于内，男处中得正于外，为和谐之象。建立家庭之初要安定，防止邪恶产生。"教儿婴孩，教妇初来"。六二爻说明家事也要平等协商。九三爻说明既要有严正的家规，又要有恩情爱意。六四爻说明勤俭持家，致富大吉。古代的家道观反映了古代宗法社会的文化特点。

睽（卦三十八）

（兑下离上）

睽：小事吉。[1]

初九：悔亡。丧马勿逐，自复。见恶人，无咎。[2]

九二：遇主于巷，无咎。[3]

六三：见舆曳，其牛掣。其人天且劓。无初，有终。[4]

九四：睽孤遇元夫，交孚，厉，无咎。[5]

六五：悔亡，厥宗噬肤，往何咎？[6]

上九：睽孤，见豕负涂，载鬼一车，先张之弧，后说之弧。匪寇，婚媾。往遇雨则吉。[7]

[译文]

睽卦象征乖异背离，做小事尚可获吉。

初九：悔恨消失。丢了马不要去找，它自己会回来。遇见恶人，也无灾祸。

九二：在小巷与君主不期而遇，无咎害。

六三：看见一头牛拖曳着一辆大车，牛被牢牢牵制着，难以向前。赶车的人受了黥刑和劓刑，没有好的开始，却有好的结局。

九四：在睽违背离之时遇到善良之人，二人秉持诚信相交，虽有危险，但不会生灾祸。

六五：悔恨消失，上祖庙吃肉，前往有什么咎害呢。

上九：有一离家在外的孤子夜行，见豕伏于道中，更见一车，众鬼乘之。他先拉开弓箭欲射之，后放下弓箭。详细察看，发现不是鬼是人；不是强寇，而是求婚配的。前往遇到雨就吉利。

[通诠]

（1）睽，音 kuí，乖也，背离，同中存异。下泽上火，火炎上，泽润下，有乖离相背之象。兑为少女，离为中女，二女同处父母家，但志各异。睽，本义为两目不相视，引申为乖违、违背、隔膜、离散等义。大事指兴师动众之事，小事指饮食衣服之事，不待众力，虽乖尚可。

（2）初与九四无应，故悔。然而九四动而得正，能下应于初，故悔亡。丧，丢失。逐，追赶。复，返回。恶人，九四以阳居阴，失位多凶，且在坎之中，坎为寇，故称恶人。失马勿逐，恶人勿激，则无咎。

（3）遇，遇见。主，君主。巷，街巷。（九二得中应刚，合异归同。）

（4）舆，大车。曳，拖曳，牵拉。掣，牵制。天，本义为人的额头，在额头上刺字为黥刑。劓，音 yì，割鼻之刑。无初有终，起先乖离，最终化睽为合。

（5）孤，孤单，孤独。元，大也，指初九。元夫即大人，亦指善人。初九当位，与九四无应而有同。交孚，交相诚信。（九四与初九都以诚信相交往，有异中求同的志向。）

（6）厥，其。宗，宗庙。噬，吃。（阴爻有口，故为噬。）肤，肥肉。噬肤，喻以柔顺平易之道化睽合异。先以噬肤的易事、小事开始交往，先易后难，逐渐加深，噬肤之亲，可得有庆之功。

（7）睽孤，离家在外的孤子。豕，猪。张，拉开弓。弧，木弓的通称。说，通脱，犹放下。匪，通非。媾，结亲，结婚。九三与上应，三在坎下，上往三"婚媾"，雨水会洗净"涂""鬼"等疑，消除乖违，故吉。

[品读]

睽卦的主旨是化睽为合，化敌为友。水润下，火炎上，其质异；二女同居，其志异。天地异而育万物则相同。如何求同存异？关键在处中得宜，求大同存小异，合异归同。先从小事易事开始，徐图缓进，逐渐消除乖违。天地睽，其事同；男女睽，其志通；万物睽，其事类。说明世界上的万事万物既对立又统一。

卦体四阳二阴，五行属火，干支癸酉，时序十二月，卦主六五、九五，卦数三二，卦序三十八。象解：火泽相因是谓睽，同居二女患相违。只占小事为中吉，若问行人定不归。

如何化乖合异呢？道穷必乖，睽久必合。业已睽矣，不可忿急，以柔顺之道，徐图缓进，和气交流，融化坚冰，求大同，存小异。丧马勿逐，自复无咎。恶人激之，愈激愈睽。恶勿激，则无咎。九二遇主于不期，失位而不失道。六三遇罚，位不当。九四遇元夫，时来运转。六五居中得应，悔恨消失。上九遇雨天，疑团消失获吉。化乖合异，过程坎坷，处处有羁绊。宜心平气和，徐图缓进，认清真相，找到亲和。雨后方能见到彩虹，推诚守正，委曲含弘，虽睽必合。六二卦爻的诗断是："刘郎别后路迢迢，鸿雁来时信息牢。欲问故园当日事，春风依旧上新条。"（邵雍《河洛真数》）求同存异，信任为本。异中求同，睽久必合。

爻辰图（二十八宿图）

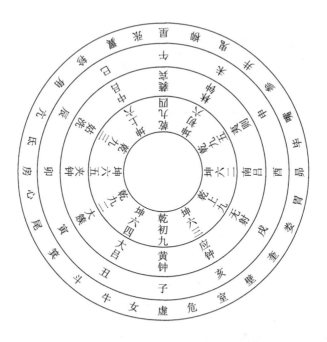

《易传》主张："大人者，与天地合其德，与日月合其明，与四时合其序。"《隋书·律历志》论历法同卦象之关系云"悬象著明，莫大于二曜；气序循复，无信于四时……乃至阴阳迭用，刚柔相摩，四象即陈，八卦成列"，足见创历之初衷。爻辰乃以乾坤十二爻对应于十二月（支），将二十八宿之四象，对应于四方。地支按顺时针方向排列，二十八宿按反时针方向排列。子午卯酉对应于虚星房昴。乾坤十二爻交错排列，显示阴阳二气之对立、转化，是星移斗转的原因。其说创立于郑玄。

——（唐明邦《天人之学——唐明邦自选集》）

蹇（卦三十九）

（艮下坎上）

蹇：利西南，不利东北；利见大人，贞吉。[1]

初六：往蹇，来誉。[2]

六二：王臣蹇蹇，匪躬之故。[3]

九三：往蹇，来反。[4]

六四：往蹇，来连。[5]

九五：大蹇，朋来。[6]

上六：往蹇，来硕，吉，利见大人。[7]

[译文]

蹇卦象征行走艰难，利于去西南，不利于去东北；利于拜见大人（才高、德望、位重之人），持守正道，可获吉祥。

初六：去时行走艰难，返回得到赞誉。

六二：君臣们往来艰难，不是为了一己之私。

九三：前行有艰难，返回却安泰。（进遇险，退得位。）

六四：前行遇艰难，归来又遇艰难。

九五：在遭遇大的艰难时，朋友前来相助。

上六：前行时虽艰难，返回却立大功，吉祥。亲近有德才的贤者有利。

[通诠]

（1）蹇，音 jiǎn，行难之貌。（足不能进，行之难也。）水积山上，路坎坷，行走难。西南为坤，指平地。东北为艮，艮为山。履平易，登山难，避险就夷，不宜冒险而进。本卦喻艰难之时，以柔和的心态往平坦方向进发。大人，指九五，利于见到德高望重的人。

（2）往，犹进。来，犹退。誉，赞誉。（见险而止是机智，待时而进得美誉。）

（3）王臣，王指九五，臣指六二，王臣均陷蹇难坎险之中，故称蹇蹇。匪，通非。躬，自身。故，事。（另解为"原因"，亦可。）

（4）反，返回（返回止于艮）。九三以阳刚之德，据守二阴为艮。（以退为进，止险而守。）

（5）连，两相接曰连。（另解，连即艰，可参。）六四连接九三。

（6）大，指九五，居坎险之中（非常之蹇）。朋，朋友，指六四、上六，以臣为朋，说明君臣相得，同心相应，共克时艰。

（7）硕，大（指九三），上六来归九三。回归九三大有所得，九三可建济蹇之大功，蹇极将通，归复本位。上六应九三，九五应六二，上六与六二、九三合作，方可救蹇险之事。

[品读]

蹇卦的主旨是如何克艰历险。遇到险难暂时停下，才是明智之举，不可盲目莽撞行事，要集众人智慧，以有威望的人统领，心系天下，排除私念，形成合力济蹇难。时机不成熟，以退为进，退以守正。等到朋友纷纷前来相助之日，就是建功立业之时。艰难困苦，玉汝于成。由艰变易，应举措得当。多难兴邦，兴邦在智。集天下之贤才，安邦定国，以明德取信天下，方能达到济蹇救世的目的。

卦体二阳四阴，五行属水，干支甲寅，时序十一月，卦主九五，卦数六七，卦序三十九。象解：险前险后当为蹇，进则多迍退则宜。大蹇朋来安常分，刚中知止善趋时。

蹇卦主要讲在道路坎坷、屡遇险阻之时应如何涉险，共济时艰的问题。简而言之，见险能止，广聚众力，持守正道。见险能止是审时度势、通权达变的智慧。止是暂时停止，是为了更好地进。所谓越是艰难越向前，穷追猛打，贸然前行，必致孤立无援的境地，不如退守待时更为有利。六二、九五同心相应，共克时艰。九五刚正，有朋友相助。六二一心为公，九三、六四能退而守正。上六前行艰难，归来则大功告成。纵观六爻，无咎无凶。处蹇修身未尝蹇，蓄力为公危转安。

解（卦四十）

（坎下震上）

解：利西南；无所往，其来复，吉。有攸往，夙吉。⁽¹⁾

初六：无咎。⁽²⁾

九二：田获三狐，得黄矢，贞吉。⁽³⁾

六三：负且乘，致寇至，贞吝。⁽⁴⁾

九四：解而拇，朋至斯孚。⁽⁵⁾

六五：君子维有解，吉，有孚于小人。⁽⁶⁾

上六：公用射隼于高墉之上，获之，无不利。⁽⁷⁾

[译文]

解卦象征纾难解险，利于去西南方向；如果无目的（无危难要化解）地前往无好处，不如返回安居或获吉祥。如果有目的地前往（有危难要前去化解），那得趁早去，可获吉祥。

初六：险难初解，无咎害。

九二：打猎捕获了许多狐狸，得到了黄色的箭头（象征刚直中和的美德），坚守正道，可获吉利。

六三：背着东西（指财物）而乘坐大车，会招致强寇来劫掠，占问必有悔吝。

九四：象纾解你的大足拇指一样摆脱小人的依附，朋友才会以诚信与你交往。

六五：君子只有勇于解脱险难，才会吉利，才会用诚信感化小人。

上六：（纾难解险）如王公站在高墙之上射杀凶恶贪婪的隼鸟，无所不利。

[通诠]

（1）解，本义为刀分牛角，引申为解开、解脱、解散。下坎上震，居险而动，有险难缓解之象。九四居坤之初，上遇二阴，故利西南。无所往，无目的地前往，六三、六五成坎象，前往必入险，不如守中。来复，指归来、复返的意思。夙，早，此指有难需解应趁早。

（2）初六应九二，处在刚柔相交之际，应无咎害。

（3）田，通畋，田猎。黄矢，铜箭头。黄喻中，箭喻直。三，多数。九二失位得中，以中比正，人心正则射术正。

（4）负，背。乘，乘车，坐车。寇，盗贼。致，招致。贞，占问。

（5）解，解除。而，你的。拇，足之大指。此指六三，六二从下来附九四，阻碍九四前往，解除六三的隐患，初六的朋友才会怀着诚信前来，与九四形成正应关系。

（6）维，语气词。六五下应九二，能纾危解难，小人自然也会信服，故吉。

（7）隼，音 sún，猛禽，凶而且贪。墉，城墙，此指六三。（君子藏器于身，待时而动。动而不括，出而有获。）

[品读]

解卦的中心意思是纾难解困，排险解难。其要点有三：第一，要动而有机，抓住机遇，让多数人脱离危险，要趁早。第二，对于隐患的清除，要如高墙射隼，正当其时，藏器于身，常备不懈。第三，不要炫富，招摇过市，会招祸致患，自找苦吃。

卦体二阳四阴，五行属木，干支乙巳，时序二月，卦主九二、六五，卦数四六，卦序四十。象解：震坎相交雷雨解，忧虑解散喜相逢。西南大得朋相助，济险扶危往有功。

蹇卦讲见险而止，是以静而免险。解卦以震动免难，震而脱险，不是小动，而是大动，动而能解。化解危难要趁早，抓住时机最重要。动并非妄动，而是以众人脱出危险为目标，还要及时清除内部隐患。用诚信之德去感化恶人，使之弃恶从善。藏器于身，常备不懈，待到"射隼"，动而不括，出而有获。上六当位，余皆失位。上六才高志大，德厚位尊，文武兼备，除去悖逆，恩惠及人，怨怼归己。排险解难，百姓欣悦，国家长治久安。"一往西南别是家，秋风吹谢满园花。丝纶又钓长江畔，若获佳鱼庆有余"。（邵雍《河洛真数》）

易学的基本概念

什么叫太极？太极就是太一。"惟初太始，道立于一"。（老子《道德经》）"天地未分之前，元气混而为一"。（孔颖达语）。其特点是"至大无外，谓之太一"。

什么叫两仪？两仪就是一对儿，其以阴阳为代表。分则"一分为二"，合则"合二为一"。

什么叫四象？四象有多种说法，通常以太阳、太阴、少阴、少阳来表示。（易经筮法中可得出九、八、六、七四个数，九、七为阳数，老大称太，老小称少，阴数亦然。）

八卦是如何生成的？太阴是阴的一极，于是出现了坤，按照阳进阴退的演变原理，用八种自然现象来象征，即坤地、艮山、坎水、巽风（四阴卦），震雷、离火、兑泽、乾天（四阳卦）。八卦相互错杂，而形成六十四卦。

损（卦四十一）

（兑下艮上）

损：有孚，元吉，无咎，可贞，利有攸往。曷之用？二簋可用享。[1]

初九：已事遄往，无咎。酌损之。[2]

九二：利贞，征凶。弗损，益之。[3]

六三：三人行，则损一人，一人行，则得其友。[4]

六四：损其疾，使遄有喜，无咎。[5]

六五：或益之十朋之龟，弗克违，元吉。[6]

上九：弗损，益之，无咎，贞吉，利有攸往，得臣无家。[7]

[译文]

损卦象征减省，有诚信，大吉祥，无灾祸，可坚守正道，利于前往。用什么来体现减省之道呢？（只要心诚，）用两簋淡食祭祀神灵即可。

初九：在完成自己的事情（损刚益柔的事）之后要迅速前往，无过失。减损要适时适度。（刚柔相济，阴阳平衡，损刚不可损过头，要酌情减省。）

九二：利于持守正道，急于前往（增益其上）会有凶险。不用减省自己，就能达到益上的目的。

六三：三人同行，必有一人因不协调而感觉受到损害，一人单独行动则会得到朋友。

六四：象减轻他的疾病，让他快点痊愈，无灾祸。

六五：象有人献上价值"十朋"的大宝龟，不能拒绝不收，大为吉利。

上九：无须减省自己就能增益他人，无灾祸，坚守正道获吉祥，利于有所前往，必得天下臣民拥护。（天下一家，不再是一己之家了。）

[通诠]

（1）损，减也。山高泽深，损其深以增其高。孚，诚信。曷之用，用什么来体现。簋，古代盛食物的方形器皿，一般用竹木制成（也有陶制）。二簋，喻献祀微薄。享，享祭，奉献。心诚则灵，不在于享礼的丰厚与否。减省讲究损之以时，若满盈时，损而有益，亏虚时，损而无益，夏损阳滋阴，冬益阳而不损。减损之道，与时偕行。

（2）已事，已经完成的事。遄，音 chuán，疾速。酌，斟酌。损刚益柔不过分，减省要适时适量。

（3）征，急于前往增益其上。弗损，不必减省自身。益之，增益六五。（九二阳居阴位，六五阴居阳位，两爻均刚柔适中，若再损益，必破坏阴阳平衡，必然存在凶险。）

（4）三人指六三、六四、六五三阴爻。损一人，指上九。一人行，指六五。三人（指三阴）求阳，必损伤阳。只宜一人（六五）独往去求阳，才能得其友。（万物莫不合二为一，一分为二。对立统一是普遍规律。）

（5）疾，疾病，不足。（减轻疾病，是因接纳了初九。初九以正位速往，六四以正位速纳。六四依赖初九阳刚之损来增益自己。）

（6）或，有人。十朋之龟，古代以贝为货币，五贝为一串，两串为一朋。"十朋"，言其价值高。十朋之龟，即大宝龟。克，能。违，推辞。六五居尊位，虚己以自损，损己奉公，下属致身益上，大家拥戴，其珍贵程度犹如大宝龟，自损反而得益。

（7）得臣，得到天下臣民的拥戴。无家，指无内外远近之别。得臣无家即天下为一家。

[品读]

损卦的中心主要讲减省之道，损必有失，然而损中有益，损中有吉。损卦六爻均无凶，六五反而元吉。损卦讲究损刚益柔，祭祀要损食，事父母要损力，为国要损身，上损己而利人，得大家失小家，失而无损。下卦三爻均自损益他人。六四损不善，结果有朋友遄往增益。六五谦下，得拥戴。甚至还有不待损己，然后可以益人的情况出现。减省之道，与时偕行。

卦体三阳三阴，五行属土，干支丁丑，时序七月，卦主六五、六三、上九，卦数七二，卦序四十一。象解：山静泽清曰损象，故当损己益他人。损之又损功勋大，灾患清除福德臻。

　　损卦讲的是减省之道。减省自身，最终自己也会得益。损食祀神，损力事父母，损财为子女，损身为国家。下卦讲自损益人，上卦讲受他人之益。损必有失，失必有得。"先损后当益，良朋遇元吉，询问雪中花，相将迎暖日"。（邵雍《河洛真数》）

益（卦四十二）

（震下巽上）

益：利有攸往，利涉大川。⁽¹⁾

初九：利用为大作，元吉，无咎。⁽²⁾

六二：或益之十朋之龟，弗克违，永贞吉。王用享于帝，吉。⁽³⁾

六三：益之用凶事，无咎。有孚中行，告公用圭。⁽⁴⁾

六四：中行告公，从。利用为依迁国。⁽⁵⁾

九五：有孚惠心，勿问，元吉。有孚惠我德。⁽⁶⁾

上九：莫益之，或击之，立心勿恒，凶。⁽⁷⁾

[译文]

益卦象征增益（益所当益），利于有所前往，利于越过大河。

初九：利于兴作大事，至为吉利，无灾咎。

六二：象有人送来价值十朋的大宝龟，不能推辞，可得长久的吉祥。君王祭祀天帝，祈求降福，吉祥。

六三：所得增益用于救凶平险的事，无灾咎。心怀诚信，持守中道，手持玉圭觐见王公，用玉圭祭祀，常保无咎。

六四：以中正的行为告示公众，是为了使其顺从。利用这个方法圆满地完成了将商族遗民从国都迁往洛邑的任务。

六五：怀着施惠于民之心，无须怀疑是否大吉。天下人会真诚感念我的恩德。

上九：没有人去增益它，只有人去攻击它。居心无常，凶险。

[通诠]

（1）益，本义为水满溢出容器，引申为增益、增加、增援、帮助等。益，损上益下，上施恩于民，民众拥护，利于前往，利涉大川，通行无阻。

（2）用，于。大作，兴作大事。如农民春耕，则为大作。又如大建筑、大工程等。初九为阳，阳为大，故称大作，初利于大作为。

（3）或，有人。帝，天帝。克，能。王享祭天帝祈福。

（4）凶事，救凶平险之事。中行，持中道慎行。圭，瑞玉，上圆下方。古代天子诸侯祭祀朝聘时所用的礼器。天子用一尺二寸圭事天，以九寸圭事地。上公执桓圭九寸，诸侯执信圭七寸，伯执躬圭七寸，子执谷璧五寸。五等诸侯各持之以朝见天子。圭也成了一种身份等级的标志。

（5）中行，守中慎行。从，顺从。依，依照。迁国，从国都迁出。

（6）惠，爱民好与曰惠。惠心，即惠于民之心。孚，诚信，真诚。勿问，不用怀疑。惠我德，感念我惠施的恩德。我，指九五。

（7）莫，没有人。之，指上九。或，有的人。立心，居心。恒，平常。此指居心于贪，则不能有平常之心。勿，无。立心勿恒，指贪求益己不已，惹人生厌，必受外来攻击。贪求不止，自招其祸。

[品读]

损上益下，可固本安邦。增益助人，须有善心，见善则迁，知过能改。损上足以益下，而下者又转益于上。初九以阳德居卑下之位，顺自然之理，积极进取，有所作为。六二以柔中为美，可得十朋之龟。六三有救凶平险之心，守正持中，抱圭守信，诚敬不苟，常保无咎。六四怀柔善志，尊上益下，近王邻公，位当其职。六五施恩于天下，广受拥戴。益人者，人益之。上九不能自损益下，反而益己不已，祸自招之。天地之道以阳决阴，正必胜邪。

卦体三阳三阴，五行属木，干支庚寅，时序正月，卦主初九、六四、九五，六二为主卦之主，卦数五四，卦序四十二。象解：风雷相举终成益，凡有施为众所从。损己益人人益己，功成名遂喜重重。

益卦讲的是增益助人之道。益卦上三爻以损得益，下三爻以守正而受益。施行增益助人之道，首要有善心，爱心。见善而迁，见过则改。初九以阳德居卑下之位，当位始于震，大有作为。六二以柔居中，获"十朋之龟"。六三有救凶平险之心，诚信以对，故无咎。六四公正平和，心怀善志，有尊上益下之德，有喜无咎。九五施恩于天下，大得其志。唯上九其位不正，不能自损益下，故有凶。损过以益不足，损上益下，损己益人，本固邦宁。

文王八卦次序图（乾坤六子图）

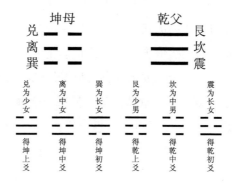

文王八卦次序图即《后天八卦次序图》。《说卦》："乾天也，故称乎父；坤地也，故称乎母。"震、坎、艮为三男；巽、离、兑为三女，三男皆阳卦，三女皆阴卦。三阳卦共有三阳爻六阴爻，故"阳卦多阴"；三阴卦共有三阴爻六阳爻，故"阴卦多阳"。三男三女，对待和谐，启示阴阳刚柔的对立统一而化生万物。

—— （唐明邦《天人之学——唐明邦自选集》）

夬（卦四十三）

（乾下兑上）

夬：扬于王庭，孚号有厉，告自邑，不利即戎，利有攸往。⁽¹⁾

初九：壮于前趾，往不胜，为咎。⁽²⁾

九二：惕号，莫夜有戎，勿恤。⁽³⁾

九三：壮于頄，有凶。君子夬夬独行，遇雨若濡，有愠无咎。⁽⁴⁾

九四：臀无肤，其行次且。牵羊悔亡，闻言不信。⁽⁵⁾

九五：苋陆夬夬，中行无咎。⁽⁶⁾

上六：无号，终有凶。⁽⁷⁾

[译文]

夬卦象征决断，国君在朝廷上宣布小人的罪状，以诚信的态度号令众人要防备危险。告知邑内众人即可，此时不利于兵戎相见，利于有所前往。

初九：只依仗脚力好贸然前往，不仅不能取胜，反而会导致灾祸。

九二：发出警戒的号令，尽管暮夜时分可能有战事发生，也不必忧虑。

九三：颧骨受伤，凶险。小心谨慎果决出行，遇到大雨淋湿了衣服，心中恼怒，但终无咎害。

九四：臀部伤残失去了皮肤，行动艰难。牵羊前往，悔恨消失，听到忠告未信从。

九五：如铲除马齿苋一样，应是轻而易举之事，但却孤立无助，不能决除小人，唯有持中而行，方无咎害。

上六：小人不必号啕，凶险终究难逃。

[通诠]

（1）夬，音 guài，决也，引申为残缺、残损的意思。扬，宣布。王庭，百官会聚之处。号，号令，号召。告，告诉，颁告。戎，兵戎，指军事行动。决断小人，要开诚布公，诚信号召，以德服人，刚柔并济。

（2）壮，同戕。前趾，脚趾前端，喻脚力。决除不可贸然从事，急躁冒进，应静待时机，积蓄力量。

（3）莫，通暮。戎，兵戎。恤，忧虑。此指有备无患，从容应对。

（4）頄，音 kuí，颧骨。夬夬，决而又决，指刚毅果断。濡，沾湿。愠，恼怒，怒在心里。（九三刚正不阿，喜怒形于色，事未成机先露。与小人斗，要有斗争智慧。）

（5）次且，即趑趄，行动困难的样子。牵羊悔亡，把羊献给当权者，悔恨消亡。（另说，羊被牵走了，但闻之仍不信，可见听之不聪也。两说均通。）

（6）苋，音 xiàn，草名，马齿苋，柔脆易折但再生能力强。以细草阴类喻小人。

（7）无，通勿，不必。号，号啕。（小人得势猖狂，失势号啕。终为众所弃。）

[品读]

夬卦的中心讲如何以阳决阴，以正胜邪。但弘扬正气，决除歪风要讲究方式方法。卦象表明，五阳决阴并未吉利。初阳往不胜，九二失位无应，九三夬夬独行有凶，九四失位，耳不聪，目不明，九五中行仅免咎，上六当位应下终有凶。道路曲折，形势艰难，不可小视，但前途光明。

卦体五阳一阴，五行属金，干支甲子，时序三月，卦主九五、上六，卦数一五，卦序四十三。象解：夬卦群阳决一阴，迟疑进退祸相侵。决然一定无忧虑，凡有施为必称心。

夬卦讲的是正义决断邪恶，弘扬正气，决除歪风的问题。五阳与一阴展开决斗，小人的力量总体处于下风，但居于高位，跋扈已久，清除邪恶并非易事。初九躁于先动，位卑才薄，力不能任，"往不胜"。九二失位无应，且无外援，夙夜忧惧，防患未然。九三刚正不阿，疾恶如仇。当位却独应上六，以小人为友，结果颧骨受了伤。九四阳居阴位，下乘三阳，不明事理，不听忠告，陷入"趑趄"困境难以自拔。九五居中行正，仅无咎。上六小人失势，号啕大哭。以正决邪要讲究斗争艺术。首先要公正无私，开诚布公，明辨是非，让大众信服。其次要有所戒备。切勿怒形于色，事未成，机先露，以防小人狗急跳墙。又不可同流合污，丧失志节。最后要以德服人，依法行事。对恶人的处置也要让他心服口服，迁善改过。举谋虽易成就难，纵得完成多反复。决邪扶正，任重道远。

何谓中道

周易诸卦中，多次提到"中行"的概念。中行，指实行中道。"中"指二、五爻位，居于中爻位。有二五皆刚、二五皆柔、二刚五柔、二柔五刚、二五刚柔、二五柔刚六种情况，但结果一致，大吉；吉，不是凶；即使凶也可化吉。可见坚守中道，何等重要。究其原因，它符合易学的基本原理。易学有八大基本原理：宇宙统一，阴阳交感，生生不息，中道和合，认识模写（取象比数），见微知著，人道和谐，文明进化。中道和合原理认为：持中，守中，尚中，可交泰和合，消息和合，既济和合，让两极状态保持在平衡之中……从性质讲，是阴阳对立统一；从数的角度讲，是奇偶、多少的对立统一；从物质形态上看，是天地、上下、四方的对立统一。和谐、和合是中华民族典型的思维模式。

——（陈德述《周易正本通释》）

姤（卦四十四）

（巽下乾上）

姤：女壮，勿用取女。(1)

初六：系于金柅，贞吉。有攸往，见凶。羸豕孚蹢躅。(2)

九二：包有鱼，无咎，不利宾。(3)

九三：臀无肤，其行次且，厉，无大咎。(4)

九四：包无鱼，起凶。(5)

九五：以杞包瓜，含章，有陨自天。(6)

上九：姤其角，吝，无咎。(7)

[译文]

姤卦象征男女邂逅，女子过于强盛，不宜娶之为妻。

初六：（在相遇的初始）把丝线牢牢固定在金属制成的刹车器上，持守正道就吉利，贸然前往必有凶险。即使是羸弱的母猪，也要确保其不能躁动不安。

九二：厨房里有条鱼，无咎过，不利于宴请宾客。

九三：臀部被打得皮开肉绽，行动艰难，有凶险，但没有重大咎害。

九四：厨房里没有鱼（喻远离下民），兴起争端有凶险。

九五：用杞叶来包裹甜瓜，文采隐含其中，应天时而损落。

上九：遇到触角，虽有羞吝，但无灾祸。

[通诠]

（1）姤，音 gòu，遇也（柔遇刚），不期而会曰遇。巽为长女，一女遇五男，能一敌五，故曰女壮。勿，不。用，宜。取，同娶。

（2）梮，音 nǐ，阻止车轮转动的制动器。金梮，金属制成的刹车器。见凶，出现凶险。羸豕，羸弱的母猪。孚，同浮，轻浮躁动。蹢躅，同踯躅，不安而徘徊貌。初六心蹢躅，意迷离，躁动如"羸豕"。

（3）包，通庖，厨房。鱼为阴物，鱼腥招猫。（喻家里有美丽的妻子，要适度回避外人。）

（4）次且，即趑趄，行走困难貌。九三阳处阳位，下不遇初六，上不应上九，就像臀部被打得皮开肉绽。居不安，行不进。但九三居正位，虽有厉，无大咎。

（5）初六为鱼，为九二所据，九四不及，喻远离下民。起，兴起（争端）必凶。

（6）杞，杞叶。包，包裹。瓜，甜瓜，比喻贤者。含章，含藏彰彩、美质。陨，降落。

（7）角，触角，上之位也。上九阳刚，高而无位，不得其遇，难济其时，而急于求遇，诚可吝也。以身处事外故，亦无咎也。

[品读]

姤卦的中心讲的是男女相遇之道。以正相遇，天下大行。因卦象有阴消剥阳之势，故九五要含章（内含彰美之质），政令通行天下。男女相遇之道，实为人与人相处之道。天地相遇，品物咸章。

卦体五阳一阴，五行属金，干支甲午，时序五月，卦主初九，九二、九五为主卦之主。卦数一五，卦序四十四。象解：天下有风阴媾阳，勿疑娶女女非良。顺时消息行中道，品物咸亨大吉祥。

姤卦主要讲男女相遇的问题，夬卦是五阳决一阴，姤卦是一阴遇五阳。初六阴居阳位，守正吉，前往与众阳相遇，凶。九二阳刚居中，鱼属于九四，不属于自己，不能用来招待宾客。九三过刚不中，下不遇初六，上不应上九。居不安，行不进。九四居位不正，如再强争必凶。九五居中得正，但与初六不比邻，所以"勿用取女"。上九与九三并非正应，不正强遇，则咎。天下有风，治国安邦，天下大行。此卦用之于大事，吉；用于小事不吉。说明人与人之间的相处（无论男女）要循理守正。

刚柔·得·时

周易中关于刚柔的内涵。阳为刚，代表积极、向上发展、有朝气的阳性之物。阴为柔，代表消极、弱小、衰减的柔性之物。主要有刚柔居中；刚得中；柔得中；双刚均分别得中；双柔均分别得中等。

周易中关于得的内涵。卦中六爻，各有其位，阳爻居阳位，阴爻居阴位即得位。居中，处中，当位，就是"得"的意思。

周易中关于"时"的含义。时表示事物处在特定的时空状态。卦象与四时相配，坎主冬，震主春，离主夏，兑主秋。四正卦分别代表二十四节气。坎卦初六主冬至，九二主小寒，六三主大寒，六四主立春，九五主雨水，上六主惊蛰。震卦初九主春分，六二主清明，六三主谷雨，九四主立夏，六五主小满，上六主芒种。离卦初九主夏至，六二主小暑，九三主大暑，九四主立秋，六五主处暑，上六主白露。兑卦初九主秋分，九二主寒霜，六三主霜降，九四主立冬，九五主小雪，上六主大雪。每一节气分三候：初、中、末。全年七十二候，配六十卦。月首称"节"，月中称"中"。节十二，气十二。初候为既济卦，中候为蹇卦，末候为颐卦，为一年节气变化的终结。人类生活要依时而行，动静不失其时。

萃（卦四十五）

（坤下兑上）

萃：亨，王假有庙，利见大人，亨，利贞。用大牲吉，利有攸往。(1)

初六：有孚不终，乃乱乃萃，若号，一握为笑，勿恤，往无咎。(2)

六二：引吉，无咎，孚乃利用禴。(3)

六三：萃如嗟如，无攸利。往无咎，小吝。(4)

九四：大吉，无咎。(5)

九五：萃有位，无咎，匪孚。元永贞，悔亡。(6)

上六：赍咨涕洟，无咎。(7)

[译文]

萃卦象征会聚，天子亲自到宗庙祭祀，利于拜见有德的贤人并得到其帮助，前景亨通，利于持守正道。用牛作为大的祭品，吉祥，利于有所前往。

初六：心怀诚信却不能保持长久，心生迷惑，与他人妄聚，若能向上（指九四）呼号，握手欢笑而会聚，这样不必忧虑，也无咎害。

六二：受人引导相会聚，可获吉祥，只要心怀诚信，即使使用微薄的祭品，也利于祭祀。

六三：相聚无人，连声嗟叹，无所利。前往也无咎，唯存小困难而已。

九四：大为吉祥，无咎害。

九五：会聚之时高居尊位，虽无过错，但尚未取信于民。作为德之元首，若永远守持正道，悔恨就会消失。

上六：（无人可聚）怀着嗟叹忧惧之心痛哭流涕（谨慎自安）无咎害。

［通诠］

（1）萃，本义为草丛生貌，引申为聚集。假，至。有，虚词，无实义。庙，宗庙。大牲，全牛。始养曰畜，用之曰牲，重大祭品。卦辞中有两个亨，前一个亨，指祭祀；后一个亨，指亨通。

（2）乃，副词，犹且。号，呼号。一握为笑，一握之间成欢笑。乱，心智迷乱或心疑志乱（因与不该会聚者相会聚）。恤，忧虑。

（3）引，牵引，引导。六二当位，上应九五。禴，音 yuè，殷时春祭名。

（4）萃如，求聚而不得的样子。嗟，嗟叹，悲叹。

（5）大吉，大为吉利。

（6）有位，得位，指九五高居尊位。匪，非，不也。孚，诚信。元，大也，善之长。永贞，永远持正道。

（7）赍，音 jī，带着。咨，叹息。赍咨，悲叹。涕，流泪。洟，鼻液。涕洟，痛哭流泪貌。求会聚而不可得非常忧惧，故痛哭，但正视危险，反躬自省，谨慎从事，故无咎。

［品读］

萃卦的中心讲的是会聚之道。同声相应，同气相求，志同相助，心同相聚，正德聚人，元以永贞。初六强调一个"孚"，因孚无乱无咎。六二得九五牵引，无咎。六三聚而无利。九四下应初六得大吉。九五自修其德，可望得民，悔亡。上六求聚无得，以信感人，谨慎从事，免灾祸。

卦体二阳四阴，五行属金，干支戊午，时序八月，卦主九五、九四，卦数二八，卦序四十五。象解：兑悦坤柔为萃卦，存诚致敬感天地。中心守正无迁变，福集灾消大吉亨。

萃卦讲了增强凝聚力的思维模式：首先要发出号召，坚持诚信，发扬光大吉利事物，凝聚正能量。其次让人各得其所，各司其职，各得其位，普惠于民。最后要扶孤问疾，救困扶危。功德彰显，光被天下，有聚无散，悔吝渐消。人才荟萃，繁花似锦。聚蓄力量，开创未来。

升（卦四十六）

（巽下坤上）

升：元亨。用见大人，勿恤。南征，吉。[1]

初六：允升，大吉。[2]

九二：孚乃利用禴，无咎。[3]

九三：升虚邑。[4]

六四：王用亨于岐山。吉，无咎。[5]

六五：贞吉，升阶。[6]

上六：冥升，利于不息之贞。[7]

[译文]

升卦象征上升，开始就大亨通。拜见德高望重的大人物则有利，不必忧虑。向南方进发，吉利。

初六：宜于上升，大为吉利。

九二：心诚，宜于举行春祭（求福），即使祭品微薄，也无灾害。

九三：上升顺畅，如入空虚的城邑。

六四：君王到岐山来拜神祭祖，吉祥，无咎害。

六五：守正吉祥，犹如登上台阶，拾级而上。

上六：处在昏暗中上升，宜于不停地坚守正道。

[通诠]

（1）升，本义为古代量器，用于将物提起，引申为上升。巽为木，坤为地，地中生木，有上升、上长之象。元亨，大为亨通。九二为大人，居臣位。六五欲用九二，故说用见。"用"也可理解为宜。古代方位是上南下北左东右西，向南就是向上升，向着光明前进。

（2）允，当也，宜也。允升，宜于上升。木生土中，日长而上，故大吉，宜于上升。

（3）禴，殷时春祭名。九二刚中诚信，可获尊者信任。

（4）虚，虚空。坤三爻相连，形成一个畅通之道，上升空间大。顺势而为，势如破竹。

（5）王，君王，指周文王。（另说指殷王。）亨，通享，祭祀。岐山，周人之地。

（6）阶，高台阶。升阶，沿着台阶一步步地上升，喻平稳上升。

（7）冥，幽也，暗也，比喻昏昧而不觉醒。六五位极人臣，应该不停息地持守正道，保持晚节，方有利。

[品读]

升卦讲的是上升之道。应顺势上行，柔以时长，从容渐进。生长是一个持续不断、由小到大的过程。初六向着光明前进，大吉。九二居中，心诚则得喜。九三上升顺利。六四心诚待上，吉而无咎。六五拾阶而上，贞吉得志。上六位已极，利于守正不息，培养谦恭柔顺之美德，以保持晚节。

卦体二阳四阴，五行属土，干支辛丑，时序十二月，卦主六五，卦数八五，卦序四十六。象解：地中生木升为象，集小成高往有功。用见大人无不利，上升下达道亨通。

升卦描述了一个上升、发展、进步、柔以时升的过程。顺势上行吉利，逆势而为凶险。初六爻讲顺势，九三讲顺时，六四讲顺事，六五讲顺道（如拾级而上），上六讲升道要适可而止。上升之道强调公平公正，态度诚恳，抓住机遇，实事求是，按部就班，切不可期望过高，急功近利，沾沾自喜，得意忘形。常怀畏谨，可久安长治。"积大先须小，求声好在低。园中双李绽，明月满天辉"。（邵雍《河洛真数》）

困（卦四十七）

（坎下兑上）

困：亨。贞大人吉，无咎。有言不信。⁽¹⁾

初六：臀困于株木，入于幽谷，三岁不觌。⁽²⁾

九二：困于酒食，朱绂方来，利用享祀。征凶，无咎。⁽³⁾

六三：困于石，据于蒺藜，入于其宫，不见其妻，凶。⁽⁴⁾

九四：来徐徐，困于金车，吝，有终。⁽⁵⁾

九五：劓刖，困于赤绂，乃徐有说，利用祭祀。⁽⁶⁾

上六：困于葛藟，于臲卼，曰动悔有悔，征吉。⁽⁷⁾

[译文]

困卦象征困穷。人处在困苦之时也可亨通。特别对于坚守正道、有德的贤人将是吉祥的，没有灾祸。一个人在困穷之时，自己说的话不被别人相信（此时应少说为佳）。

初六：臀部困于树桩，陷入幽深的山谷，三年都见不到一个人影。

九二：象被酒食所困，荣禄富贵即将到来，有利于举行祭祀。此时进取出征会凶险，但无大灾祸。

六三：被岩石所困，身边都是刺伤人的蒺藜，回到家中见不到妻子，凶险。

九四：迟缓而来，受困于一辆坚固的车子中，有困难，但结局还好。

九五：象被削了鼻子砍了脚，在尊位上受困，如果可以慢慢地摆脱困境，有利于举行祭祀。

上六：被困于野生藤蔓之间，濒临危坠之地，处挣扎不安之中，动则悔而又悔，若出门远征敌寇，则可获吉祥。

［通诠］

（1）困，困穷，困苦。水居泽下，水下漏而泽枯涸无水。阳爻皆为阴所掩，小人之掩君子也。上兑下坎，兑阴坎阳，阴阳交合，故"亨通"。大人，指九二、九五，阳刚居中，只要守正道，即使处于困穷，也能自救，故"吉"。如苏武处北海，穷且益坚，矢志不渝。"君子固穷，小人穷斯滥矣"。（孔子语）处于穷困，言语难以取信于人，应少说多做。徒尚口舌，必更穷困。

（2）株，木根。在土曰根，土上曰株。无枝叶之木即树桩。幽谷，隐蔽幽远的山谷。觌，音 dí，见，看见，相见。

（3）遇到困厄，愤懑难抒，恣肆于酒食之中加以发泄。绂，音 fú，祭服。朱绂，指代荣禄。方来，将要来。利用，宜于。

（4）据，依，凭倚。蒺藜，多刺的植物。宫，居室。古时居室，贵贱同称宫，秦汉以来，唯王所居称宫。六三不中不正，上困于九五，下依于九二，九二自身不保，带刺难依。

（5）徐徐，迟疑缓行貌。金车，坚固的车子（或指高贵的马车）。自上而下曰来，指九四应初六。九四与初六位不当，但相应。终有交互感应，故有好结果（指终）。

（6）劓，割鼻的酷刑。刖，断脚的酷刑。赤绂，大红色的祭服，指代尊位。乃徐有说，说通脱，解脱，摆脱。此指才渐渐摆脱困境。利用祭祀，举行祭祀，求得上天护佑。

（7）葛藟，藤类植物，引蔓缠绕之草。臲卼，音 niè wù，动摇不定的样子（或危而不安）。于臲卼，凌驾于刚强之上，又无人相助，类似于藤蔓缠绕，处于危险而穷困的境地。曰，发语词。动悔，动辄生悔恨。有悔，又有悔恨。经过悔恨而又有所悔恨。征，前往征伐，可获吉祥（因困极必通）。

［品读］

困卦讲的是如何对待困穷之道。艰难困厄，正是考验人的试金石。磨炼毅力，坚守正道，困而能通。无志者在困厄面前惊慌失措，怨天尤人，一蹶不振。沧海横流，方显英雄本色。

卦体三阳三阴，五行属金，干支癸卯，时序九月，卦主九五、九二，卦数六五，卦序四十七。象解：泽中无水困之名，阴掩阳爻理不明。诚以自持坚固守，身虽处困道常亨。

困卦告诉我们困穷之境对人生有重要意义。孔子困于陈蔡，苏武困于北海，矢志不渝，穷则变，变则通，困以求通。六爻处困各有不同。初六困于株木，陷入幽谷之中，三年都不见一个人影。位卑力弱，又无外援。出于幽谷，迁入乔木，岂可唯坐株木之下，束手待毙？九二困于酒食，"借酒浇愁，愁更愁"，非困于物，实困于志。但心诚则灵，静待其时，阳刚居中有喜庆。六三困于坚硬的石头之下，孤立无援，陷入绝境。九四困于金车，虽无职、无权、无利，但有好友相助。九五困于尊位，但发挥刚中美德，徐图缓行，终会走出困境。上六困于葛藟，处困极将通之时，终于"征吉"。困穷是考验君子的试金石。时穷节乃见。困而求通，少说多做，取信于人。退一步海阔天空。"穷且益坚，不坠青云之志"。正德清人，利物济人，困则通也。卦主九二诗断曰："身危名辱两堪伤，云锁幽房事不祥。直到更阑方梦断，此时忧患稍安康。一杯酒上带愁来，祀亨何须善用猜。大抵凶中才得利，风波万里一帆开。"（邵雍《河洛真数》）

观易吟

一物从来有一身，一身还有一乾坤。
能知万物备于我，肯把三才别立根。
天向一中分体用，人于心上起经纶。
天人焉有两般义，道不虚传只在人。

——（邵雍《伊川击壤集》）

井（卦四十八）

（巽下坎上）

井：改邑不改井，无丧无得。往来井井。汔至，亦未繘井，羸其瓶，凶。⁽¹⁾

初六：井泥不食，旧井无禽。⁽²⁾

九二：井谷射鲋，瓮敝漏。⁽³⁾

九三：井渫不食，为我心恻。可用汲，王明，并受其福。⁽⁴⁾

六四：井甃，无咎。⁽⁵⁾

九五：井洌，寒泉食。⁽⁶⁾

上六：井收，勿幕；有孚，元吉。⁽⁷⁾

[译文]

井的意思是水井，象征人的德行。城邑可改建，而井不可改迁。汲取它（指井水）不会减少，充注它不会增加。来来往往的人不断使用（井中的水），而井水源源不绝。汲水时，提水用的瓦罐将要升至井口时若被打破（或被绳索缠住），必有凶险。

初六：井底的污泥淤塞，水质浑浊不可饮用，废旧的水井，连禽鸟都不会光顾。

九二：往井底里射小鱼，反而打破了提水用的瓦罐，无法提水。

九三：水井清理干净却无人汲水食用，我心悲伤凄恻。只有井水能被食用，犹如遇到圣明君王，才能使贤士同受其福。

六四：用砖砌好井壁，就无过错和灾祸。

九五：井水清澈甘凉，能为众人所食用。

上六：水井修好后，不要将井口覆盖上（让大家共享）。只要心怀诚信，大为吉利。

[通诠]

（1）井，水井。古时穿地取水，以瓶引汲谓之井。改邑，迁移、迁建城邑。往来井井，来来往往的人都使用这个水井。丧，减少。得，增加。汔，音qì，几乎，差不多。繘，音jú，汲水用的绳索。羸，倾覆。瓶，汲水用的瓦罐。

（2）泥，污泥淤塞。无禽，没有禽鸟来喝水。

（3）井谷，井底。射鲋，射鱼。井底射鱼，喻才非所用。瓮，音wèng，大腹小口的陶质汲水罐。井瓮指修井或井壁。

（4）渫，音xiè，除净污秽。恻，悲伤、凄恻。井渫不食，喻德才兼备的人不被任用。王明，君王圣明。

（5）甃，音zhòu，井壁。此指用砖修理井壁。

（6）洌，音liè，水清甘凉。寒泉，寒冷的泉水。

（7）收，成也。幕，覆盖。

[品读]

井卦讲的是治井之道。井有养生之用，人有修井之德。井水源源不竭，养人无数。井水济人无穷，德化教人无限，井养之德，实为君子之德。初六以污泥为喻，若不修治即将废弃。九二有射鲋之误（居位不正）。九三以井渫不食，期待圣明。六四以治井喻修德。九五以井水清洌，喻君子德行美好。上六修井与修德，大功告成，说明治理水井的功效。

卦体三阳三阴，五行属水，干支己亥，时序五月，卦主九五，卦数六五，卦序四十八。象解：水升木上而为井，养物无穷静所宜。动则无穷妄井德，达人藏器待天时。

井卦主要讲修德养民。井水清甘，养人惠物。初六、九二居下，象征淤滞。九三、六四处卦中，有被困住的可能。三为净化水质，四为修井壁。九五、上六，已成，广为所用。九五为"食用"，上六为"功成"。九五刚中居正，德才兼备，井道成功，惠人不止。卦主九五诗断为："寒泉洌可食，晓月又东升，一派东流去，山前耸翠峰。"（邵雍《河洛真数》）

革（卦四十九）

（离下兑上）

革：巳日乃孚。元亨，利贞，悔亡。⁽¹⁾

初九：巩用黄牛之革。⁽²⁾

六二：巳日乃革之，征吉，无咎。⁽³⁾

九三：征凶，贞厉。革言三就，有孚。⁽⁴⁾

九四：悔亡，有孚改命，吉。⁽⁵⁾

九五：大人虎变，未占有孚。⁽⁶⁾

上六：君子豹变，小人革面。征凶。居贞吉。⁽⁷⁾

[译文]

革卦象征变革，至巳日推行改革（指条件成熟），可得到民众的信任。大亨通，利于守正，悔恨消失。

初九：用黄牛皮牢固地束缚住（以控制其刚烈之性，防止躁动）。

六二：从巳日开始，革除弊政，推行改革，勇往直前获吉祥，无咎害。

九三：急于前往征战（喻变革得太快）有凶险，持守正道防危难。变革多次，初见成效，处事要心存诚信。

九四：悔恨消除，心存诚信，革除旧命，吉祥。

九五：大人像猛虎一样推行变革，有威信，不用占问吉凶，就让人信任他，心中怀诚信之德。

上六：君子的变革就像豹纹那样华美成章，小人的变革只改变颜面。若急于前往（指变革得太快）有凶险。安居守正得吉利。

[通诠]

（1）革，《说文》曰：兽皮治去其毛，引申为变革、改革。水火相激，激而变，变而革。巳，十二地支之一，一年十二月为一个周期。巳排在第六位（代表农历四月），四月阳气出，万物见。巳日，指条件成熟之日。巳在前五数与后五数之中，即转换变革之时。

（2）巩，以黄牛皮捆缚物体。黄，中色。牛，顺物。黄牛之革，有坚固自身之意。处于改革酝酿期，变革之机尚未成熟。

（3）征，征战。征吉，前往征战获吉祥。

（4）征，行（或征战）。贞，正。厉，危险。贞厉，守正防危。言，语气词。就，成效，成功。变革计划须再三谋划，方可获得成功（谋划时要守信）。

（5）命，令。旧命，旧的乱命弊政。

（6）大人，指九五。虎变，秋天鸟兽换毛，有变更之象。"大人虎变，虎变威德，折冲万里，望风而信"。（马融语）变革之道文彩焕发，切合民心，让人心悦诚服。占，问。未占有孚，不必占问，能显诚信之德。

（7）豹变，像豹子斑纹，华美成彩。革面，改头换面。此指只改变其颜面。

[品读]

革卦讲的是变革之道。天地革而四时成，汤武革命，顺乎天而应乎人。革卦除讲顺乎天道、合乎人心之外，还讲改革的几个阶段。在变革酝酿初期，采取急躁冒进方法，结果是凶险的。在变革成熟阶段（巳日象征成熟之时），果敢行动，结果吉祥。在变革初见成效时，要心怀诚信，言必信，行必果。变革是观念的更新，心灵的革命。政者，正也。人类文化史上的伟人，无一不是先坚固自身，然后改革他人。当然也要允许他人改面不革心，在变革过程中等待他们洗心革面。

卦体四阳二阴，五行属金，干支庚辰，时序三月，卦主九五，卦数二三，卦序四十九。象解：泽中有火革之亨，二女同居志不贞。改故从新趋世变，焕然文彩十分明。

革卦主要讲变革。变革的过程并非一帆风顺，时机不到，不能变革，因此革要当其时。取信于民是变革的基础。"虎变威德，折冲万里，望风而信"，即所谓大人虎变。上六是君子豹变，小人革面（改变旧日倾向），要彻底改变，过程漫长，革言三就，百折不挠，值得称赞。

鼎（卦五十）

（巽下离上）

鼎：元吉，亨。(1)

初六：鼎颠趾，利出否。得妾以其子，无咎。(2)

九二：鼎有实，我仇有疾，不我能即，吉。(3)

九三：鼎耳革，其行塞。雉膏不食，方雨，亏悔，终吉。(4)

九四：鼎折足，覆公餗，其形渥，凶。(5)

六五：鼎黄耳，金铉，利贞。(6)

上九：鼎玉铉，大吉，无不利。(7)

[译文]

鼎是烹饪之器，其卦象征除旧布新，大为吉祥，亨通。

初六：鼎足颠倒朝上，利于倒出废物，就像小妾因儿子得正妻之位，无咎害。

九二：鼎器里装满食物，我的对手得了重病，不能靠近我，吉利。

九三：鼎的耳部变化（指脱落），无法移动鼎器。而鼎中装满精美的食物也无法食用，天下着雨，雨水落入鼎中，少有悔恨，但最终获吉祥。

九四：鼎足不堪重负而折断，王公的美食倾覆于地，鼎身沾湿，有凶险。

六五：鼎器配有黄色的耳，黄铜制成的鼎扛，利于守正（指不移动为好，守静）。

上九：用玉做成的鼎盖（鼎身喻明君，玉盖喻贤辅，绿叶扶红花），大吉祥，无有不利。

[通诠]

（1）鼎，古代三足两耳、烹煮食物的容器，是权力和天下的象征。三足一体，犹三公承天子。鼎的功能是革旧布新。熟食对生食是一种新事物，所以鼎有取新之义。

（2）颠，颠倒。趾，鼎足。否，音 pǐ，坏、不善的东西。得，有所得。此指妾以其子得正妻之位（得到新位置）。

（3）实，实物。有实，指装满了东西。仇，匹也、匹对（指对手或配偶）。疾，重病。即，靠近、接近。不我能即，即不能来靠近我。仇，指六五。九二与初六比应。九二无过错。

（4）革，变化、变异（指鼎耳脱）。行塞，行动受阻塞。雉膏，野鸡肉羹，指精美的食物。方，将。亏悔，少有悔恨（另说悔恨消除）。

（5）覆，倾覆。公，王公。餗，音 sù，本指米粥菜汤之类，泛指美味佳肴（八珍之膳）。渥，音 wò，沾湿。九四近六五，自身不中不正，德薄位尊，智小谋大，力小而任重，力不能胜而又自不量力。

（6）铉，音 xuàn，举鼎具。金，黄铜。金铉即指坚硬的鼎扛。利贞，利于守正（实为守静，即不移动鼎为好）。

（7）玉铉，指玉做的鼎盖。以玉喻美德。

[品读]

革卦的中心意思是去旧，鼎卦的中心意思是取新。革故鼎新一词由此而来。古代贵族才有权以鼎烹饪食物献祭，鼎便成为国家权力的象征。它的作用是祭祀天帝，颐养圣贤。谦逊接受贤人辅佐，就使自己耳聪目明，不致闭目塞听。初六为鼎足，二三四爻为鼎腹，五爻为鼎耳，上九为鼎盖。三足鼎立，构成稳定之象。革故鼎新还可以人体为喻。"阴鼎阳炉至道根，五行和合土为尊，时人若要长生药，只向华池觅魄魂"。（薛道光语）阴鼎喻身体。阳炉指身体的能量。五行指五脏。说明人体自身也存在吐故纳新。

卦体四阳二阴，五行属金，干支丙申，时序六月，卦主上九、六五，卦数三五，卦序五十。象解：火木相因鼎得名，变革为熟旧更新。功成贵在调和得，疑虑冰消喜气临。

鼎卦主要讲吐故纳新。初六倒出否物，象征吐故，妾得贵子，取象为纳新。九二我仇有疾，说明最亲近、最信任的人可能反对改革。应斥退旧人，起用新人。九三当位居正，以终吉为果。九四失位不正，足折而不能鼎立。说明改革侵犯既得团体的利益，他们出面刁难、反对。六五以金喻刚，上六以玉喻刚而润，说明改革不断取得新的成果，须坚持改革。鼎新，要人来建立。人自身的变革，观念的转变，是变则通的重要条件。"调羹须用鼎，三足待时安，一举鹏程翅，何妨彻广寒"。（邵雍《河洛真数》）

十二消息卦图（二十四节图）

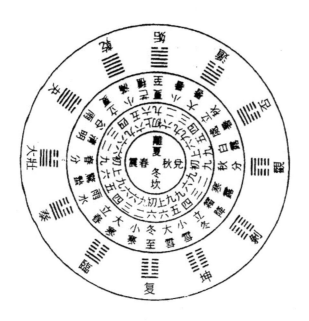

此卦气图的组成部分，以十二辟卦代表十二月阴阳消长之节律。四正卦的二十四爻，代表一年二十四节。复卦代表冬至一阳生，从此阳气日长，阴气渐消；姤卦代表夏至一阴生，从此阴气日长，阳气日消。四季阴阳消长呈渐进过程，周而复始。此图对农业生产及人类养生均有指导意义。

—— （唐明邦《天人之学——唐明邦自选集》）

震（卦五十一）

（震下震上）

震：亨，震来虩虩，笑言哑哑。震惊百里，不丧匕鬯。[1]

初九：震来虩虩，后笑言哑哑，吉。[2]

六二：震来厉，亿丧贝。跻于九陵，勿逐，七日得。[3]

六三：震苏苏，震行无眚。[4]

九四：震遂泥。[5]

六五：震往来，厉。亿无丧，有事。[6]

上六：震索索，视矍矍，征凶。震不于其躬，于其邻，无咎。婚媾有言。[7]

[译文]

　　震卦象征震动，雷声震动，万物亨通。（人闻雷声而惊恐，不为冒险的事。）震雷初来令人恐惧，尔后大家就欢声笑语。雷霆震惊百里，不断地举行祭祀，使社稷长存。（祭宗庙，保社稷，护安宁。）

　　初九：雷震使人惊恐（自我修德，谨慎从事），必会带来欢声笑语，吉祥。

　　六二：惊雷乍响，有危险，估计会损失资财。登高望远（登于九陵之上），无须追逐，过不了几天必失而复得。

　　六三：惊雷令人恐惧，只要警惕前行就不会有灾祸。

　　九四：因惊雷震动而坠入泥泞之中。

　　六五：在雷声震动时上下往来，皆危险。（只要笃行中道），估计无大损失，但还须保存祭祀之事。

上六：震惊也可令人畏缩不前，惊惶四顾，向前进攻必有凶险。若雷动在震及近邻，还未震及自身时，就修省自己，不会招致咎害。若有婚嫁之事，必致言语之争。

[通诠]

（1）震，本义是疾雷，引申为震动、惊恐、威严等义。虩虩，音 xì xì，惊恐的样子。哑哑，音 è è，言笑自若的样子。百里，喻范围广，诸侯国仅方圆百里而已。丧，扔掉。鬯，音 chàng，古代宗庙祭祀用的酒，此处借指祭祀。震为长子，由长子主祭。听惊雷，知恐惧，有所戒惕。经惊恐的洗礼，能镇定自若，气定神闲，这是领导者必备的素质。雷是一种自然现象，也喻风雷激荡的社会现象。巨雷轰顶不惊慌，反而能指挥若定，谨慎行事，令人钦敬。

（2）君子之惧有三：位尊而恐不闻其过，得志而恐骄，闻至道而不能行。实惧不得其正，反躬自省，待其变正有应，后必欢声笑语。

（3）厉，危险。亿，意也，估计、意料。贝，古代的货币单位。九，阳极之数，喻高。九陵，极高的丘陵。跻，登升。七日，犹言用不了几天。日之数十，五日为半，过半则称七日。失而复得，多则十日。七日又指庚日，庚在天干中，有更替、更新的意思。

（4）苏苏，恐惧不安的样子。眚，灾异。六三以柔居刚，位不当。雷霆袭来，张皇失措，忧惧难安，但警惕前行，无灾。

（5）遂，通"坠"，坠落。遂泥，喻受外界威力而张皇失措。

（6）厉，危险。往来，由内向外曰往，六五上往与上六之阴为敌。由外向内曰来，指下则乘九四之阳刚。上下往来均危险。亿，大也。亿无丧，大无丧，指六五以阴爻居中，不会使主祭之人有所损失。

（7）索索，心不安之貌。矍矍，音 juéjué，回头惊顾之貌。雷震之时上六惶恐万分，惊慌四顾。躬，自身。邻，近邻。有言，言语争执。

[品读]

震卦的中心讲的是震惧之道。震恐的心理状态，可致福报。惊雷乍起，使人惊恐。感到惊恐，利于调整心态。每临大事有静气，由静而定，镇定自若，一片欢声笑语。一个能担当大事者须处变不惊，临危不惧。诚敬之至，威惧不能使人自失。震卦六爻描述了人生六种意外的震撼。初爻是一场虚惊过去，带来欢声笑语。二爻描写经历财产丧失的危险，塞翁失马，焉知非福？登高望远，不必挂心，终究可失而复得。三爻描写心理惊恐，教人谨慎行事，终究无伤害。四爻雷电交加，因受到震撼，由惊恐坠入泥中，意外冲击造成了人身损害。五爻描写连续冲击，处于极度危厉之中，若能以中和、中正之道应对，不会有大的损失。上六描述因邻人受冲击而感受到巨大震撼，由此反躬自省，就不会招致咎害。威严，冲击，震动，可以使人的精神受到磨炼，内在心理状态得到调整。心定气闲，处变不惊，大用之器由此造成。

卦体二阳四阴，五行属木，干支己丑，时序春分，卦主初九，卦数四四，卦序五十一。象解：游雷为震必忧惊，省过修身固反常。虩虩不安存警畏，到头反祸却为祥。

天象雷雨，方位东方（先天方位东北方），人物长男，脏腑胆肝，动物龙蛇，食物蔬菜，物品木竹，五色黑青、绿色，五味甘酸，数字四、三、八。

雷卦讲的是震惧之道。雷声震动不仅仅让人惊恐，还警示我们要按社会、自然法则办事，修身养德，反省过失。不正则恐，惧过则无过，或不知有过。为人不为亏心事，半夜敲门心不惊。君子之惧有三：处尊位恐不闻其过；得志恐骄；闻至道而恐不能行。意外遭受打击，必反思受到打击的原因，突破思维定式。在震撼中成长，在变动不测中领悟人生真谛。生命经过震撼的洗礼，必然镇定自若，指挥若定，泰山崩于前而面不改色。做到临危不惊，履危如夷。大无畏就是经过多次震撼而铸就的。修身省过，无恐无惧，先涉震撼之事，后得安静之福。白刃临前，猛虎后迫，莫之觉，震惊百里，莫之闻。至大至刚之才，威望服众，名播天下。

艮（卦五十二）

（艮下艮上）

艮：艮其背，不获其身。行其庭，不见其人。无咎。[1]

初六：艮其趾，无咎，利永贞。[2]

六二：艮其腓，不拯其随，其心不快。[3]

九三：艮其限，列其夤，厉薰心。[4]

六四：艮其身，无咎。[5]

六五：艮其辅，言有序，悔亡。[6]

上九：敦艮，吉。[7]

[译文]

　　艮卦象征抑止。使人的背静止，使人如置身度外，达到忘我之境（外物不接，内欲不萌）。即使行走在庭院中，也是背对着背未见其人（忘形忘物，邪欲无从产生），没有咎害。

　　初六：抑止在脚迈出之前，没有咎害，利于长久坚守正定静止（做自己应该做的事）。

　　六二：小腿肚受到抑止，不能阻止其上位冒进而只能违心相随（指九三），所以心中感到不快。

　　九三：腰部受到抑止，撕裂了背脊肉，危险如同烈火薰灼在心上。

　　六四：能抑止于自身（不使妄动），无咎害。

　　六五：抑止其口（不使妄语），言则有次序，有条理，悔恨消亡。

　　上九：以敦厚的品格自我静止（抑止邪欲），吉祥。

[通诠]

（1）艮，音 gèn，从匕目。匕，人的反文，有反思、反顾、检讨行为、停止错误之义。又引申为静止、抑止、限止。静止莫过于山，艮成为山的代称。下坤土，山之质，上有一阳覆，阳极上而止。重浊于下，轻清于上，有止象。背，脊背。背止则身静，是人直接看不到的地方。防止动欲谓止。所止无见，不觉得其身存在，置身于度外，自达忘物、忘形。获，获得。初六与六四、六二与六五、九三与上九，六爻敌应，互不相与，所以才不获其身，不见其人。庭，庭院。邪恶之心，未萌前受抑止。有些邪恶之事，最好别碰它，还是背对着背为佳。

（2）趾，脚趾。履霜知坚冰至，闲有家（家中有防备），艮其趾，知几闲邪，防患未然。

（3）腓，音 féi，小腿肚。拯，举步。随，跟随。快，高兴。

（4）限，界限。人体界限在腰（腰带处）。列，通"裂"。夤，音 yín，背脊肉。厉，危险。薰，焦灼。九三阳刚有力，施止不得其所，抑止于腰，阻隔了全身自如行动，结果全身不协调，背脊肉裂，危险如同烈火焦灼于心。艮止之道，在于时止则止，时行则行，动静不失时机。（六二至六四互坎，坎险不能动，动则临危。）

（5）身，身体，自身。六四居正当位，有自我抑止之能。

（6）辅，上牙床，借指口。序，条理。六五处尊位，"君无戏言"，言必有理，有利，有节。

（7）敦，厚，指山陵之厚。地厚在山，山之所厚，有容物之量，止欲之德。上九处最高处，如泰山刚毅、厚重、笃实，不获其身，不见其人，忘我忘形，止于至善。学习静止之道，功到自然成。

[品读]

艮卦的中心讲的是抑止之道，"不见可欲，使心不乱也"。时止则止，时行则行，动静不失其时，思不出位（思考的东西不要超出自己所处的社会地位）。艮卦六爻是限止六种状态。初爻指心神宁静，凡事能置身于度外，后其身而身先，外其身而身存。二爻心欲静而不能，小腿受制于大腿，外在因素引起内心难安。三爻描写内心强烈不安，危机如火灼心，腰的动静与身的动静相连，喻上下关系、周围环境不协调。四爻阴处阴位，位当而安。穷则独善其身，达则兼济天下。五爻阴居阳位，有位而无阳刚之才。如随意发号施令，难于如愿，应少说多听。如果非说不可，要说到点子上。六爻处于事物终结。节或移于晚，保持晚节，让生命终结有个完满结果。敦厚处世要终身保持。

卦体二阳四阴，五行属土，干支己卯，时序十月，卦主上九，卦数七七，卦序五十二。象解：兼山为艮当知止，只好潜身以俟时。君子思安无过咎，小人妄动必倾危。

天象山岚，方位东北（先天方位西北），人物少男，动物虎牛，食物硬果，脏腑胃脾，五色黄棕、咖啡色，五味甘甜，数字五、七、十。

艮卦讲了抑止之道，是静止的哲学。动静相宜，适可而止。身体如山那样静止不动，以致忘记了自身。"知止而后有定，定而后能静，静而后能安，安而后能虑"。（《大学》）卦以山为象，让心身处于内静的状态。要内静，先要抑止躁动不安的心态，其次不受外界干扰。关键还是把心静下来，心如止水。地位得当，应安其位，尽其职，完善自我。位尊居正，要言有序，言必行，行必果，不可轻易许诺。敦厚则高明，博厚可载物。有容物之量，止欲之德。"节或移于晚，守或失于终"。敦艮之吉在于保持晚节。止得其所，思不出位。动静应以时空条件为转移。

地支与脏腑

寅为胆，卯为肝，巳为心，午为小肠，戌辰为胃，未丑为脾，申为大肠，酉为肺，亥为肾，子为膀胱。

地支与生肖

子鼠、丑牛、寅虎、卯兔、辰龙、巳蛇、午马、未羊、申猴、酉鸡、戌狗、亥猪。

地支与五行

寅卯属木，巳午属火，丑辰未戌属土，申酉属金，亥子属水。
寅为初生之木，卯为极盛之木，辰为渐衰之木。
巳为初生之火，午为极盛之火，未为渐衰之火。

申为初生之金，酉为极盛之金，戌为渐衰之金。

亥为初生之水，子为极盛之水，丑为渐衰之水。

土望于四季。

地支与方位

东方为寅卯，南方为巳午，西方为申酉，北方为亥子，中央为辰戌丑未。

渐（卦五十三）

（艮下巽上）

渐：女归吉，利贞。[1]

初六：鸿渐于干，小子厉，有言，无咎。[2]

六二：鸿渐于磐，饮食衎衎，吉。[3]

九三：鸿渐于陆，夫征不复，妇孕不育，凶。利御寇。[4]

六四：鸿渐于木，或得其桷，无咎。[5]

九五：鸿渐于陵，妇三岁不孕，终莫之胜，吉。[6]

上九：鸿渐于陆，其羽可用为仪，吉。[7]

[译文]

渐卦象征渐进。女子出嫁循礼渐进，可获吉祥，利于坚守正道。

初六：鸿飞行渐进到水岸边，若像年轻人那样迅猛疾厉（有落水的危险），大人斥责之，最终无灾祸。

六二：鸿飞渐进停在磐石上，饮食做事都和乐，吉祥。

九三：鸿飞渐进于高平之地，丈夫远征不复返，女人怀孕而没生养下来，有凶险。利于抵御强寇。

六四：鸿飞渐进落到大树上，或许宽大横平的树枝可栖身，无咎害。

九五：鸿飞渐进于山丘，有妇女三年还未怀孕，但外物终究不能侵阻取胜（九五阳刚得正，三爻四爻始终不能阻隔其与六二应和之意），无咎害。

上九：雁飞渐进于高平之地，洁白美丽的羽毛可用来美化仪表，吉祥。

[通诠]

(1) 渐，渐进，有舒缓渐行之象，引申为渐次、逐渐。女归，女子出嫁。贞，正（或静）。女子出嫁遵循礼仪程序可获吉祥。其程序一般为：纳采、问名、纳吉、纳征、请期、亲迎，六步依次渐行。其实，凡做事均须循序渐进，方可有成。

(2) 鸿，大雁，候鸟，往来有时，对配偶专一。干，水岸。小子，年轻人（艮为少男）。言，谴责，斥责。厉，危险。

(3) 磐，巨大而稳定的石头，喻安静。衎衎，音 kànkàn，和乐貌。六二当位居正，安稳舒泰，饮食和乐，竭力正邦治国，不尸位素餐，无功不受禄，稳固安全无危厉。

(4) 陆，高处的平地。复，返回。九三应守正自固，妄动则凶。九三与六四极易苟合，私情相悦，凶险。

(5) 木，大树。或，或许。桷，音 jué，宽大横平的树枝。

(6) 陵，丘陵，大土山。终莫之胜，终，最终。莫，没有谁。之，宾前标志。胜，胜过。没有谁胜过九五与六二的应和之情。克服九三、六四重重阻挠，使天下有情人（九五、六二）终成眷属。

(7) 九三、九五互离，离为雉，雉之羽毛高洁。仪，仪表。鸿雁高飞，渐进至洁。仪表严正，卓然高洁。此时防妄动。

[品读]

渐卦讲的是循序渐进之道。既要进，又要依序，不逾次。当渐则渐，行止有序，不可急于求成，一蹴而就。揠苗助长，违反了渐进之道。干——磐——陆——桷——陵，依次而行，虽有艰难，终莫之胜。循正以进则有功，渐进之途景不同。鸿雁之羽志高洁，骄矜乱志事难终。

卦体三阳三阴，五行属木，干支癸丑，时序正月，卦主九五，卦数五七，卦序五十三。象解：风山为渐徐徐进，进得其宜往有功。进事进身咸得正，渐高渐大渐亨通。

渐卦告诉我们当渐则渐，一步一个脚印，量力而行，循序渐进。循序渐进是个复杂的过程。鸿雁飞行由低渐高、由近渐远的形象，说明渐进路上曲折在所难免。初六位卑力弱，免不了受到冷遇，或言语中伤。此时仍要坚持以德化消，这是人成才的必经阶段。六二柔顺中正，上应九五，和乐安稳，但仍竭忠尽力，不尸位素餐。九三以刚居刚，又无"中德"，易躁动冒进，如妄动与六四苟合，"必往而不能反"。应及时调整躁动状态，艮止于内，渐进不亢，方能抵御外来入侵。六四下乘九三，上承九五，处境危厉。九五鸿渐于陵，喻环境改变，困难重重，但最终能——克服，一切吉利。上九大雁高飞，仪态高洁，喻逐渐适应新环境，从容待时。不妄进，不骤进，进而有序，不逾次，其道光明。"渐而不骤真君子，敬德亲贤大丈夫。是故好人先积德，如今受福胜如初。"（邵雍《河洛真数》）

周易与中医

五行	木	火	土	金	水
五音	角	徵	宫	商	羽
五味	酸	苦	甘	辛	咸（淡）
五色	苍（青）	赤	黄	白	黑
五臭	臊（膻）	焦	香	腥	腐
形体	筋	脉	肉	皮毛	骨
脏	肝	心	脾	肺	肾（心包）
腑	胆	小肠	胃	大肠	膀胱（三焦）
情志	怒	喜	思	悲	恐
五官	目	舌	口	鼻	耳
五津	泪	汗	涎	涕	唾
五位	左	上	中	右	下
脉象	弦	钩（洪）	缓（濡）	毛（浮）	石（沉）
官守	将军之官	君主之官	谏议之官	相傅之官	作强之官
生成数	3＋5＝8	2＋5＝7	5	4＋5＝9	1＋5＝6
五声	呼	笑	歌	哭	呻
五荣	爪	面色	唇	毛	发

（——吕嘉戈《易经新探》）

中医理论的核心也是阴阳五行学说，它把人体与天相应，从而把人纳入了宇宙万物的运行变化之中。

人体四肢百骸、五脏六腑皆归纳于五行之中，每一腑脏除了它的五行所属外，还有阴阳之分，脏属阴，腑属阳。这就是所谓"人人有一太极，物物有一太极"的旨义。在阴阳五行学说中，有两个重要概念，一是阴阳要讲究平衡，也就是中医理论中的平衡原理；一是五行相生相克理论，即五行相互制约，而又相互依存的理论。从中医理论的治病法则中，我们了解到这种平衡机制的灵活应用。如"削有余补不足"。"削有余"是指当生病时，五脏不平衡，必有一脏脏气亢进，一脏脏气虚弱，需把亢进的脏气削弱。"补不足"是指把虚弱的脏气补足。削与补的依据是五脏达到平衡。中医师通过切脉来把握人体脏气的平衡与否，根据脏气的虚实进行削补、用药。此外，在施治过程中，中医中药遵循知变应变的原则，则不会有削过了头、补过了量的新的不平衡现象出现。中、西医的区别就在于此，即中医用药是全面地调整人体五脏功能的，西医用药则是以杀菌、镇静为主的，不可混为一谈。中药的药性，也是以阴阳五行学说来确立的，如：

"凡酸属木入肝，苦属火入心，甘属土入脾，辛属金入肺，咸属水入肾，此五味之义也"。"凡青属木入肝，赤属火入心，黄属土入脾，白属金入肺，黑属水入肾，此五色之义也"。"凡酸者能涩能收；苦者能泻能燥能坚；甘者能补能和能缓；辛者能散能润能横行；咸者能下能软坚；淡者能利窍能渗泄，此五味之用也"。"凡寒热温凉，气也，酸苦甘辛咸淡，味也，气为阳，味为阴，气厚者为纯阳，薄者为阳中之阴，味厚者为纯阴，薄者为阴中之阳。气薄则发泄，厚则发热；味厚则泄，薄则通，辛甘发散为阳，酸苦涌泄为阴；咸味通泄为阴，淡味渗泄为阳；轻清升浮为阳，重浊沉降为阴；清阳出上窍，浊阴出下窍；清阳发腠理，浊阴走五脏；清阳实四肢，浊阴归六腑，此阴阳之义也"。

阴阳五行源自天文学，医易同源，印证了五行学说的内在关联。

归妹（卦五十四）

（兑下震上）

归妹：征凶，无攸利。[1]

初九：归妹以娣，跛能履，征吉。[2]

九二：眇能视，利幽人之贞。[3]

六三：归妹以须，反归以娣。[4]

九四：归妹愆期，迟归有时。[5]

六五：帝乙归妹，其君之袂不如其娣之袂良，月几望，吉。[6]

上六：女承筐无实，士刲羊无血，无攸利。[7]

[译文]

归妹卦象征少女出嫁，如果过于主动会有凶险，不会有什么好处。

初九：少女出嫁为侧室（陪姊从嫁为妾，犹如足跛而行走，能帮正妻管好家务），前行会吉利。

九二：眼有毛病（指瞎了一只眼）还能勉强视物，利于安静幽居的人持守正道。

六三：少女出嫁作正室，返归时却作了侧室。（少女冒充其姊出嫁作正室，其事败露后仍以妹妹的身份陪嫁作妾。）

九四：少女出嫁误了佳期，推迟嫁人以等待合适的时机。

六五：帝乙将公主下嫁，但正室的衣饰还不如侧室的衣饰优良（喻指公主不尚华丽），如同月亮接近圆满，吉祥。

上六：婚礼上女子手捧筐篮，却空无一物，男子宰杀羔羊，却见不到血涌出（无法通过献祭祖先来确立婚姻的合法性），出嫁违礼，无任何好处。

[通诠]

(1)归,出嫁,犹言得到归宿。妹,少女(兑为少女)。归妹,少女出嫁。征,指少女主动找男方(古代属非礼行为),少女应配少男,但震为长男,不合时宜,急于出嫁,违背持正之道,所以凶险,无所利。

(2)娣,音 dì,妻子之妹,古代实行一夫一妻多妾制。妹妹随姐同嫁一夫,姐为正室,妹为侧室(即偏房)。由于不能为正室,如同脚有跛疾,勉强行走,象征初九处境尴尬,阳刚之体,却具贤贞之德,所以得到吉祥。履,行走。

(3)眇,音 miǎo,眼睛小也,或一目失明。幽人,幽居独处的人,或深思明理之人。受冷遇但能忍辱负重,坚守正道,吉祥。

(4)须,通"嬃",古时楚人谓姊为嬃,即姐姐。按古代贵族嫁女常例,以嫁者之妹陪嫁,而六三则以其嬃陪之,所陪不当,返回而以其妹陪嫁,故反归以嬃。六三阴居阳位,以柔乘刚,行为不逊,与上六无正应,所以做正室的愿望无法实现。

(5)愆,拖延,错过。愆期指错过了出嫁的佳期。

(6)帝乙,商代帝王。归妹,下嫁其少女。君,指所嫁之女为正室,夫称妇为君。袂,衣袖(古代认为人的穿着是否合礼仪全在衣袖上)。良,美好。几,接近。望,月最圆满之时。几望,接近圆满。尊贵能谦,美盛不盈,恰如其分,吉祥。

(7)无实,指空无一物。士,男子。刲,音 kuī,割杀。

[品读]

归妹卦讲的是少女出嫁之道。男大当婚,女大当嫁。男婚女嫁,如同天地匹配。天地不交,万物不生,男女不交,人类生命无从延续。古代的媵嫁制已废除,由一夫一妻制取而代之,是人类文明发展进步的表现。但男女各正其位,是人类社会有序发展的基础。坚持夫妻认定的同一方向,对稳定婚姻有重大意义。

卦体三阳三阴,五行属木,干支甲戌,时序九月,卦主六五,六三、上六为主卦之主,卦数四二,卦序五十四。象解:震雷兑泽为归妹,少女从阳正合宜。凡事问占宜守静,拟行必在得其时。

归妹卦主要讲少女出嫁,是天地大义。初九当位而正,虽有跛疾之患,但履正道，正身前往，故吉利。九二失位不当，但深思明理，故利。六三失位反复，归而不当。九四错过佳期，延迟出嫁，静待时日。六五柔美如月，归而有吉。上六归之太迟，实无利。说明双方均不满意，勉强结合，婚后会不和谐。人尽其才，物尽其用。年德相若，方可偕老，势所必至，自不待言。"归妹成于始，香浮水岸中。桃花开一朵，只可待春风"。（邵雍《河洛真数》）

丰（卦五十五）

（离下震上）

丰：亨，王假之。勿忧，宜日中。[1]

初九：遇其配主，虽旬无咎，往有尚。[2]

六二：丰其蔀，日中见斗。往得疑疾，有孚发若，吉。[3]

九三：丰其沛，日中见沫，折其右肱，无咎。[4]

九四：丰其蔀，日中见斗，遇其夷主，吉。[5]

六五：来章，有庆誉，吉。[6]

上六：丰其屋，蔀其家，窥其户，阒其无人，三岁不觌，凶。[7]

[译文]

丰卦象征盛大，亨通，君王亲自到来。不用忧虑，将如日中天的势头保持下去（或活动宜在正午举行）。

初九：遇见与自己相匹配的人，即使等十天，也无过错，前往必得嘉赏。

六二：盛大的光明被遮蔽，正午却出现了北斗星，前往会被猜疑，表明自己的诚信则吉祥。

九三：像大的幡幔遮住了太阳，以致正午出现了北斗辅星，折断了右手臂，没有灾难发生。

九四：像丰大的草席遮蔽了太阳，以致正午见到了北斗星，遇到了志同道合而又性格平和的主人，吉祥。

六五：彰显了君主光明之德，广纳天下贤才，有福庆和美誉，吉祥。

上六：巨大的阴影笼罩房屋，遮蔽了家人，从门外向里窥视，寂静无声，三年均不见人影，真是大凶的景象。

［通诠］

（1）丰，大、盛大、丰满、丰盈、丰厚、丰富，喻财多德大。假，至，到达。日中，如日中天，或正午的太阳。德大无所不容，财多无所不济。如日中天，普照人间。何谓大德？高而能下，满而能虚，富而能俭，贵而能卑，智而能愚，勇而能怯，辩而能讷，博而能浅，明而能暗，是谓大德。

（2）配主，相匹配之主，指初九与九四，同具阳刚之德。初九光明，九四能动，明动相资，协同共济，故丰。旬，十天。尚，赏。

（3）蔀，音 bù，草席，引申为遮蔽。日中，指六二居离中。斗，北斗星。孚，诚信。发，明。若，语气词。六二居中当位，故吉。

（4）沫，音 mèi，此指北斗辅星。沛，通旆，幡幔，引申为遮蔽、阴影。肱，大臂。右肱，右臂。此爻指日全食发生的过程。

（5）夷，平。夷主，性格平和的主人。此爻指日食消退的过程。

（6）章，彰显，或解为文采，指德才兼备之人士。庆誉，喜庆、佳誉。

（7）阒，音 qù，空也。阒其无人，空无一人。窥，从门缝里偷看。觌，音 dí，见。三岁，三年。丰盛之极，防失所安。盛大之业可能衰落。

［品读］

丰卦讲的是丰隆日盛、如日中天、丰美至极、事物发展到巅峰状态之时，应如何持盈保泰、盛极防衰的问题。从卦辞看，下离上震，明以动，象征电闪雷鸣，气势盛大，发展如日中天，局面昌盛亨通。象辞告诉我们，宇宙万物的发展是不断变化的，日中则西斜，月满则亏缺，盈虚消长，自然之理。因此，在丰大之时，要丰而不忘亏，盛而不忘衰，安而不忘危，防奢防骄，精诚团结，力攀新高。从爻辞来分析，初九防极端，适度为宜。六五、六二居中，六五应以博大胸怀，礼贤下士，寻求贤德的六二来辅助。九三处于光明被遮盖之时，应忍辱负重，等待转机。上六远离光明，傲视一切，自我封闭，孤芳自赏，逆历史潮流而行，走自绝于人之路，实不足取。应该强调的是：盛极经过一段时间的调整，仍可达到新的高峰。由于本卦最早完整记录了日全食过程，在天文学上具有极高的史料价值，弥足珍贵。

卦体三阳三阴，五行属土，干支辛巳，时序六月，卦主六五，卦数四三，卦序五十五。象解：雷电相应丰成时，盛衰消息要先知。守常安分方为吉，中则安时妄则危。

五行相生相克合图

五行学说与阴阳学说原本独立发展。汉人通过河图将五行与阴阳沟通，从而五行与八卦在许多易图中形影不离。五行按木、火、土、金、水顺序排成圆周，"比相生，间相克"。显示事物之间矛盾关系的多重性，成为一切事物普遍适用的整体结构模型，实为中国古代特有的一种普通系统论图式，中国传统医学中应用普遍。

———（唐明邦《天人学之——唐明邦自选集》）

旅（卦五十六）

（艮下离上）

旅：小亨。旅贞吉。[1]

初六：旅琐琐，斯其所取灾。[2]

六二：旅即次，怀其资，得童仆，贞。[3]

九三：旅焚其次，丧其童仆，贞厉。[4]

九四：旅于处，得其资斧，我心不快。[5]

六五：射雉，一矢亡，终以誉命。[6]

上九：鸟焚其巢，旅人先笑后号咷，丧牛于易，凶。[7]

[译文]

旅卦象征行旅，稍有亨通。坚守正道，可获吉祥。

初六：行旅中过于斤斤计较，是招灾致祸的原因。

六二：行旅中找到安身的客舍，怀中藏着钱财，又找到童仆照料生活，占问结果吉利。

九三：行旅中客舍被火烧毁，童仆逃走，占问结果有危险。

九四：旅途中暂得安身之所，又得到一些盘缠，但心中仍不痛快。

六五：射猎野鸡，一箭射中，虽丧失一支箭，但最终得到荣誉和爵命。

上九：高树上的鸟巢被烧毁，行旅之人先是欢笑，继而号咷大哭，农夫在田畔丢失了牛，有凶险。

[通诠]

（1）旅，客舍之名，羁旅之称，又可解为旅行、商旅。六二、六五居中，阴为小，故小亨，即稍有亨通。贞，正道，也可解为占问。

（2）琐琐，猥琐吝啬、斤斤计较。斯，此。

（3）次，客栈、旅店。资，资财、钱财。

（4）贞厉，占问有危险。九三恃刚凌物，违反商旅之道。

（5）处，处所，地方。资斧，利斧，引申为旅费。

（6）雉，野鸡。亡，丢失。命，爵命。誉，赞誉。

（7）旅人，指九三。号咷，号啕大哭。易，通场，指田畔。另解为易国，在易国丢失了牛群。

[品读]

旅卦讲的是行旅之道，还有旅行、羁旅、居无定所、商旅等多重卦义。客走他乡，居无定所，行不便，心难安。行商在外，须讲诚信，守中道。逢凶化吉，遇难呈祥。商旅在外，应心胸豁达，切勿斤斤计较；如贪财图物，则会得不偿失；更重要的是要选择安全的环境，否则不会得钱财，却遭灾。从六爻分析，初琐琐，三焚次，四不快，上焚巢，唯六二怀资得仆，说明与人亲和，处处顺利，持中守正，胜过钱财。

客旅迢迢远，乘车万里行。安静能自守，附丽得光明。人生天地间，忽如远行客。"夫旅人之志，卑则自辱，高则见嫉，能执其中，可谓智矣"。（范仲淹语）。

卦体三阳三阴，五行属火，干支辛亥，时序四月，卦主六五，卦数三七，卦序五十六。象解：山上火炎其象旅，事机宜早不宜迟。如占动用平平断，若问行人未见归。

什么是阳卦、阴卦

凡是一卦的总画数为奇数的叫阳卦，凡是一卦的总画数为偶数的叫阴卦。如乾卦由三画组成，而震、坎、艮均为五画组成，这四卦属于阳卦。坤卦由六画组成，巽、离、兑这三卦均为四画组成，这四卦叫阴卦。

乾象征天，坤象征地，离象征日，坎象征月，如将卦画的位置上下颠倒，其卦形不变，离居正东方，乾居正南方，坎居正西方，坤居正北方，这四卦叫正卦。

乾与坤，卦画相反；兑与艮、巽与震，其卦画也相反，叫错卦。

巽与兑、艮与震，上下卦的阴阳爻刚好相反，叫综卦。

三画卦象征天、地、人三个层次，八卦象征自然界的八种基本物质。这八个三画卦叫经卦，而其余的五十六卦均由两个三画卦相叠而组成，统称为别卦。

十二地支的含义是什么

子是兹的意思，指万物兹萌于既动的阳气之下。

丑是纽、系的意思，既萌而系长。

寅是移、引的意思，指物芽稍吐而伸移出地。

卯是冒的意思，指万物冒地而出。

辰是震的意思，物经震动而长。

巳是起、已的意思，指万物至此已毕尽而起。

午是忤的意思，指万物盛大，枝柯密布。

未是昧的意思，指阴气已长，万物稍衰，体暧昧。

申是身的意思，指万物的身体都已成就。

酉是老的意思，指万物老极而成熟。

戌是灭的意思，指万物皆衰灭。

亥是核的意思，指万物收藏皆坚核。

——《群书考异》

干支纪历：包括纪年、纪月、纪日、纪时，以黄帝即位的时间为甲子年、甲子月、甲子日、甲子时。从现有文字记载来看，最早出现只是纪日。商王多以天干为名，如太甲、沃丁。一年十二个月、一天十二个时辰与十二地支的对应关系始终不变。夏、商、周三代第一月的起始时间分别定在寅月、丑月、子月。

巽（卦五十七）

（巽下巽上）

巽：小亨，利有攸往，利见大人。[1]

初六：进退，利武人之贞。[2]

九二：巽在床下，用史巫纷若，吉无咎。[3]

九三：频巽，吝。[4]

六四：悔亡，田获三品。[5]

九五：贞吉，悔亡，无不利，无初有终。先庚三日，后庚三日，吉。[6]

上九：巽在床下，丧其资斧，贞凶。[7]

[译文]

巽卦象征顺从。小有亨通，利于有所前往，利于拜见德高望重的人。

初六：无论是前进还是后退，都应像军人那样坚守正道。

九二：谦恭卑顺地隐入床下，用祝史和巫觋顺从天命的方式顺从，吉祥无灾殃。

九三：皱着眉头装成顺从的样子，将有遗憾。

六四：悔恨消失，打猎时捕获了可用于祭祀、宴饮、庖厨的三类禽兽。

九五：持守正道获吉祥，悔恨消亡，无所不利，开始不顺但结局良好。在丁日和癸日实行，吉祥。（叮咛在先，揆度在后，说明行事谨慎。）

上九：谦卑地屈居床下，丧失了钱财，占问的结果凶险。

[通诠]

（1）巽，音 xùn，本义象二人跪地之形，引申为顺从。巽为风，为入。

小亨。巽为阴卦，阴为小，小有亨通。攸，所。阴顺阳刚，利于外出办事，利于拜见德隆望尊的人。

（2）进退，指进攻、退守。利于像勇武的人那样听从命令。（如把贞解为占问，武人占得此爻，吉利。）

（3）巽，伏。床，祭神的几案。史，古代主管占卜的官吏。巫，古代降神除灾的巫婆。纷，众多。若，语气词。

（4）频，通颦，皱眉头、忧愁的样子。九三与上无应，下又乘刚，无人帮助，故吝。

（5）田，打猎。品，类别。三品，指用于祭祀、宴饮、庖厨的三类猎物。六四当位，顺承九五，收获颇丰。

（6）九五处中得正，开头不顺利，但结果良好。先庚三日，庚日前三天，即丁日。（古代以天干纪日，甲、乙、丙、丁、戊、己、庚、辛、壬、癸十天干，庚居天干第七位，过中数，象征变革、更新。丁日施行新法，表明先叮咛在前。）后庚三日，庚日后的第三天，即癸日，表明揆度在后，态度谨慎，时机得当。癸属水，三爻离为火，水火既济，象征成功，吉利。

（7）上九为巽卦之终，谦顺过度，卑躬屈膝，是极为凶险的。

[品读]

巽卦讲的是顺从之道。本卦反复强调中庸之道。谦顺得当，即得中，屈而求伸。初爻为军人式的顺从。服从命令为军人的天职，令进则进，令退则退，符合正道，所以吉利。九二谦逊过度，屈居床下，若诚心则可获吉祥，但这种逊恭丧失做人的骨气，不可效法。九三违心顺从，忍辱屈下，也会失去别人的信任与尊重。六四当位，顺承九五，使上下刚柔相济，各安其位，各司其职，有田获三品之功，为顺从之道的最高境界。九五爻为自觉顺从，上顺天心，下顺民意。上九为盲从，卑躬屈膝，这种奴式顺从是凶险的。

本卦卦体四阳二阴，五行属木，干支戊戌，时序八月，卦主九五、九二，卦数五五，卦序五十七。

天象刮风，方位东南，人物长女，脏腑肠胃，动物鸡鸭，食物面食，物品树木，颜色青、绿、蓝，五味为酸，数字五、三、八。

象解：阴交阳下随风巽，究竟先庚与后庚。利见大人行正事，始虽难阻后亨通。

择善而从，如沐春风。自卑自贱，丧失尊严，最终获凶。

兑（卦五十八）

（兑下兑上）

兑：亨，利贞。(1)

初九：和兑，吉。(2)

九二：孚兑，吉，悔亡。(3)

六三：来兑，凶。(4)

九四：商兑未宁，介疾有喜。(5)

九五：孚于剥，有厉。(6)

上六：引兑。(7)

[译文]

兑卦象征喜悦。能以和悦的态度处事必亨通，利于坚守正道。（解为占问会吉利，也可。）

初九：温和喜悦待人处事，吉祥。

九二：诚信喜悦待人，吉祥，不会有怨恨。

六三：以讨好的方式谋求喜悦，终必有凶。

九四：商谈和睦相处的问题，尚未得出结果，有点小毛病也会不治而愈，终会令人高兴。

九五：信任失信的人，有危险。

上六：引诱他人与自己共同欢悦，危险。

[通诠]

（1）兑，音 duì，有喜悦、欢悦、愉悦之意。二爻、五爻居中，内有阳刚之气，外有和悦之政，用欣悦之政引导民众，大家心悦诚服，为国服务忘记了劳苦，奔赴危难不惧死亡。亨，亨通。贞，正，或解为占卜。

（2）和，和悦、平和。初九心态平和，无所偏私，情正道公，和而不同，吉利。

（3）孚，诚信。九二得刚居中，能自守正，不失其诚，小人不能使之妄悦，故吉利，悔恨消失。

（4）来，向下行谓之来，向上行谓之往，此处解为谋求。

（5）商，商谈。未宁，未定。介疾，小毛病。

（6）剥，剥取，以阴剥阳，代指失信之人。厉，危险。

（7）引，诱也。上六引诱两阳相与为悦，巧言令色，包藏祸心。九四、九五应警惧戒备，不受献媚取悦的蛊惑。

[品读]

本卦讲的是和悦处世之道。反对无原则地取悦于人，更不能取悦于无诚信之人。主张态度和蔼可亲，言辞和善，处事和悦，形成和谐稳定的局面。以人民的喜悦为先，是和悦之道的最高境界。从爻辞来看，和兑，是和而不同，既不卑躬屈膝、谄媚逢迎，也不清高自傲。与人和谐相处，和而不同，周而不比，为和悦之正道。商兑排除阻挠，顺承九五，实为理性选择。而身居高位，一身正气，方能抵御邪气入侵。来兑献媚，引兑居心叵测，均非和悦之正道。从个人来讲，要追求生命的欢乐也须走正道。和兑如果看成童年的欢乐，孚兑是少年之欢乐，引兑是老年人试图追求的欢乐。很显然，引兑只有外在的欢乐形式，非内在的真正欢乐。和悦利于正，邪谄有悔吝。刚柔有度，和悦有节。先天下之忧而忧，后天下之乐而乐，是和悦之道的最高精神境界。

卦体四阳二阴，五行属金，干支壬申，时节秋分，卦主九二、九五，卦数五五，卦序五十八。

天象星辰，先天方位东南，脏腑为肺，动物羊豹，食物羊肉，五色为白，五味辛、辣，数字四、二、九。

象解：丽泽相因名为兑，友朋讲习贵孚诚。互相浸润推诚敬，和悦交通事有成。

何谓河图

河图是黄河龙马背上所显现的图象。

它是由十个黑白圆点所组成的四方形。白点表示奇数，黑点表示偶数。奇数为阳性，象征天。偶数为阴性，象征地。一、三、五、七、九之和为二十五，称为天数。二、四、六、八、十之和为三十，称为地数。天地数之和为五十五。

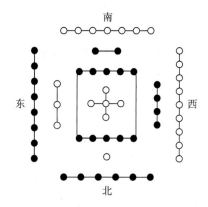

河图之数为方位之数、五行之数。一、六配下方，为北，为水。二、七配上方，为南，为火。三、八配左方，为东，为木。四、九配右方，为西，为金。

河图为生成之数，一至五为生数，六至十为成数。生数与成数之间存在生与成的关系。生数一配置在北方，表示阳气在此出生。将成数六配置于此，表示天一生水，地六成之。将生数二配置在南方，表示阴气从这里出生。将成数七配置在此，表示地二生火，天七成之。将生数三配置在东方，将成数八配置于此，表示天三生木，地八成之。将生数四配置在西方，成数九也配置于此，表示地四生金，天九成之。将生数五配置在中央，表示天以五生土，地以十成之。万物生成皆有数。

涣（卦五十九）

（坎下巽上）

涣：亨。王假有庙，利涉大川，利贞。[1]

初六：用拯马壮，吉。[2]

九二：涣奔其机，悔亡。[3]

六三：涣其躬，无悔。[4]

六四：涣其群，元吉。涣有丘，匪夷所思。[5]

九五：涣汗其大号，涣王居，无咎。[6]

上九：涣其血，去逖出，无咎。[7]

[译文]

涣卦象征涣散。人心涣散时，也可亨通。因为君王到宗庙祭祀，用诚心凝聚民众，利于涉越大川，利于坚守正道。

初六：拯难救危，马匹健壮，吉利。

九二：尽快抓住走出离散的关键时机，悔恨就会消亡。

六三：去掉自身的私欲，不会有悔恨。

六四：解散朋党，因而有大的吉祥。同时又能化解小群而聚成山丘一般大的群体，其艰难程度是平常人难以想象的。

九五：通过发号施令来涣散险厄，君王将财富散发给百姓，无灾殃。

上九：忧患消除，远离惕惧，无灾殃。

[通诠]

（1）涣，水流无阻，引申为离散。水流畅通，来往不穷，故亨通。假，至。有，语助词。庙，宗庙。上巽为木，下坎为水，有舟楫之象，船行川上，可平安渡过。诚意可凝聚民心，这就是坚守正道。

（2）拯，救助。救助之初，内力不足，可借助外力（良马），内外协同，可改变离散还不深的困境，吉利。

（3）奔，奔向。机，时机。（另解为：机同几，木几案，喻可依靠的安全之地。）抓住了走出离散的大好时机，悔恨的不利因素可消除。

（4）躬，自身。此指自身私欲。去掉自身私欲，志在救助他人，悔恨消除。

（5）群，小团体。元，大。丘，半山曰丘，比喻聚合更大的群体。夷。平常人。匪，通非，不是。

（6）汗，汗液，比喻险厄。号，号令。后以涣汗大号代指君王发布号令。王居，君王自己的财物。

（7）血，通恤，忧患，忧虑。去，离开。逖，音tì，远离。避祸之道，远离危险。

[品读]

　　涣卦主要讲如何涣而求合、济散成聚的问题。从卦象看，下坎代表困境，上巽代表多变。从卦辞看，整体亨通顺利。从六个爻来看，初六、六四为大吉，九二为平，六三、九五、上九均无悔。欲消天下之涣，先散一己之私；散群小为大众。其功伟，其事难，其用妙，非常人所能思及。涣散弊端，涤荡险恶，一声令下，四海清平。驱离散，聚和睦，天下同康。

　　卦体三阴三阳，卦主九五，五行属木，干支丙午，时序六月，卦数五六，卦序五十九。象解：巽坎相因风水涣，忧虑消散必亨通。涉艰济险应须虑，捍厄扶衰必有功。

　　涣卦还讲了文采焕美的问题。"涣若天星之罗，浩如涛水之波"。（扬雄语）水上之风，吉祥之气，洋溢四海。本卦启示我们：凝聚民心，敬贤礼士，守位用仁，解民疾困，人心归仰。其道甚周，其法甚备，忧患可化，涉险无虞。"双凤翱翔入九霄，长江泛艇渡危桥。重防得处亦防失，山外青山事阻遥"。（邵雍《河洛真数》）

节（卦六十）

（兑下坎上）

节：亨。苦节，不可贞。[1]

初九：不出户庭，无咎。[2]

九二：不出门庭，凶。[3]

六三：不节若，则嗟若，无咎。[4]

六四：安节，亨。[5]

九五：甘节，吉，往有尚。[6]

上六：苦节，贞凶。悔亡。[7]

[译文]

节卦象征节制，可获亨通。但过分节制则会使人感到苦痛，不是节制的正道。

初九：足不出户，无灾殃。

九二：始终不迈出大门和庭院，有凶险。

六三：如不适当节制，就会嗟叹自悔；能嗟叹反省，可免殃灾。

六四：安于自我节制，亨通。

九五：乐于节制，吉利，前往受人尊敬。

上六：过分节制，令人痛苦，如坚持不改，会有凶险。如能醒悟，悔恨消失。

[通诠]

（1）节，本义为竹节，引申为节制、节约、节俭、节度等义。水被节制在泽中，水少则干，水满则溢，贵在持中。苦节，过分节制，使人产生痛苦感，不会持久，亦非正道。天地以节度形成四季，社会用订立制度来节制，减少资源浪费，不伤财，不害民。贞，正道。

（2）户，单扇的、较小的、在内的称户；双扇的、较大的、在外面的称门。初为一，有户象，前有阳刚闭塞，初与六四应，六四为坎险。初九处节卦起始阶段，明白当行则行、当止则止的道理，自我节制，安然若素。

（3）九二，有门之象，居中位，但失位失应，无援无助。大门不出，二门不迈，死守在家，过分节制，错失良机，也会有凶险。

（4）若，语气词。嗟，叹息。六三上比坎险，下乘二阳，为不知节制之象，自我节制失控，但六三处于兑之上位，倘能自悔，可无咎害。

（5）安，安然自若。六四上承九五，中能比三，上下沟通，安然节制，前途亨通。

（6）甘，甘美，也可解为乐或快意。往，向前。尚，受人尊敬，也可解为奖赏。

（7）苦节，过分节制。过分节制为贪吝，伤财害民，民不堪其苦。若以苦节施人，为凶道；若以苦节修身，俭约无妄。但上六得位，能醒悟改正，悔恨消失。

[品读]

节卦讲的是节制之道。放松节制，志乱心迷，事业倒退；过分节制，事业萎缩；适度节制，百事顺达，百业兴旺。节道贵于得中、适时、适度。"节用而爱民，使民以时"，与卦义相同。初九明白时机不到，宜于慎守。九二坐失良机，面临困境。六三失位失正，纵欲无度，不能自我节制，当节而不节，若及时悔悟，可免咎害。六四当位，柔顺得正，安然节制，当获亨通。九五甘节，善美之典范，居中守正之楷模。不节制、不节俭、不节约，或节之无度，伤财害民，决非节制之道。古希腊的禁欲主义，古罗马的纵欲主义，居于节卦的两端，均不可取。中国古代杨朱主张放纵人欲，荀子主张适当节制，墨子主张"苦行僧主义"。很显然荀子的主张是可取的。节卦用三个对比来显示节制之道：初九与九二比，同样不出户（门）庭，前吉后凶，说明节制要把握时机，当止则止，当行则行；六三不节、六四安节，说明节制与人的品格相关，放纵乃人之大恶，安节是自觉，自觉是使生命有意义的法宝，是一种安身立命的品格；九五与上六对比，说明节贵持中守正。敬事而信，节用而爱人，如是而已。

节卦卦体三阳三阴，五行属水，干支丙子，时序七月，卦主九五，卦数五六，卦序六十。象解：泽中有水名为节，苦节从来不可贞。初不出户无大咎，顺时消息道元亨。

适度节制，万事亨通。

天干·六十甲子

天干的含义：甲，象草木破土而萌；乙，象草木初生；丙，象草木炳然著见；丁，象草木成长壮实；戊，象草木茂盛；己，象万物仰屈而起；辛，象草木秀实新成；壬，象万物怀孕；癸，象万物闭藏。

"六十甲子"：天干立而不动，地支轮流相配。天数五，地数六，五六相合，六十年为一周。花插交配，统称甲子，又称六十花甲。如2016年，丙甲年，属猴。

天支与五行方位相配：东方甲乙木，南方丙丁火，西方庚辛金，北方壬癸水，中央戊己土。

何谓洛书

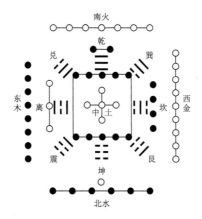

洛书是洛水乌龟背上的纹路。

洛书之数用了一至九的九个数字，一、三、五、七、九为奇数，属阳性，象征天。二、四、六、八为偶数，属阴性，象征地。一、二、三、四称生数。九、八、七、六为成数。九个数字的总和为四十五。

洛书之数的结构是戴九履一、左三右七、二四为肩、六八为足。东西南北中的白圈为阳数，四隅的黑圈为阴数。

洛书之数用了横排、纵排、对角线排三种方式，其和皆为十五，三种排列之和，其总和为四十五。洛书是算数中乘法的起源。

洛书之数是生成之数，阳数居正，阴数居隅，说明万物生于阳而成于阴。五个代表阳气的奇数所配置的方位是：一在北方，表示阳气开始发生；三在东方，表示阳气逐渐增长；九在南方，表示阳气达到极盛；七在西方，表示阳气逐渐消失。五在中央，是参天两地的象征。四个代表阴气的偶数所配置的方位是：二在西南角，表示阴气开始发生；四在东南角，表示阴气逐渐增长；八在东北角，表示阴气达到极盛；六在西北角，表示阴气逐渐消失。（河图、洛书，均由宋人蔡元定绘制。）

先天八卦与后天八卦的区别是什么

二者主要有以下区别：

第一，由来不同：先天八卦由距今七千多年的伏羲氏观物取象所作，体现了宇宙形成的过程。先天是自然而然的意思。后天八卦由周文王根据万物生长收藏的规律而作。后天指人用之位，后天之学。

第二，方位不同：先天八卦为乾南、兑东南、离东、震东北、巽西南、坎西、艮西北、坤北。后天八卦为乾西北、坤西南、震东、巽东南、坎北、离南、艮东北、兑西。

第三，数字不同：先天八卦，乾一、兑二、离三、震四、巽五、坎六、艮七、坤八，数字顺序由小到大，形成 S 形曲线，相对的两卦之和为九，如乾一坤八，依此类推。后天八卦无此固定顺序。但后天八卦与九宫密不可分，有一坎、二坤、三震、四巽、五中宫、六乾、七兑、八艮、九离之说。这是洛书与离卦相配。如果先逆数后顺数，后天八卦的数字顺序是：坎一、乾二、兑三、坤四、艮五、震六、巽七、离八。

伏羲八卦为天道，文王八卦为地道，地道源于天道。前者为易之本，后者为易之用。

为什么八卦的方位与现代的地理方位大不相同

八卦的方位：上南下北，左东右西；

现代的地理方位：上北下南，左西右东。

其原因有三：第一，先天八卦的离定在南方，是根据八卦的属性来定的，乾就是天，气轻上浮为天，下凝为地。坤就是地。乾热坤寒，天南地北，离东坎西。后天八卦为离南坎北、震东兑西。离象征光明、热烈，离卦定在南方。第二，两卦相对，其卦数之和为九。第三，卦数顺序由小到大呈S形排列。

八卦方位是以自然界几种主要事物之间的相互关系，反映宇宙变化的动态模型。

古代圣人面向南而立，前南后北左东右西；现代人面北而立，角度不同，方位相反，理所必然，可谓殊途同归。但有的易学者认为，八卦的四维四正之象，更切合中国的地理风貌。"抬头见天，为乾；脚踩大地，为坤；东边日出，为离；西边月落，为坎；东南水旺，为兑；西南风多，为巽；雷起东北，为震；西北高原，为艮。天道左旋，地道右旋"。（苏永利《易学思维研究》）这种看法更入情合理。

文王八卦方位图

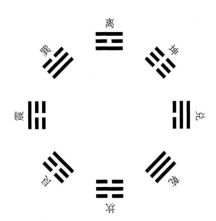

中孚（卦六十一）

（兑下巽上）

中孚：豚鱼，吉。利涉大川，利贞。[(1)]

初九：虞吉，有它不燕。[(2)]

九二：鸣鹤在阴，其子和之。我有好爵，吾与尔靡之。[(3)]

六三：得敌，或鼓或罢，或泣或歌。[(4)]

六四：月几望，马匹亡，无咎。[(5)]

九五：有孚挛如，无咎。[(6)]

上九：翰音登于天，贞凶。[(7)]

[译文]

中孚象征心怀诚信。即使用小猪和鱼这样的微薄之物来祭祀，也能获得吉祥。利于涉越大河，利于坚守正道。

初九：安于诚信，可获吉祥；如有它求，不会得到安宁。

九二：白鹤在树荫下鸣叫，小鹤相互应和；我有好酒，愿与你共同畅饮。

六三：遇到劲敌，有的擂鼓进攻，有的疲惫败退，有的哭泣不止，有的高声欢唱。

六四：月亮将要圆满时，丢失了自己的马匹，不会有咎害。

九五：能够以诚信之心，广泛牵系天下人心，必无咎害。

上九：锦鸡的鸣叫声响彻天宇（喻徒有虚声，缺乏诚信，不可长久），应坚守正道以防凶险。

［通诠］

（1）中，内。孚，从子从爪，为鸟抱子象，即孵，孵卵不能延误日期，包含了信的意思。中孚，内心诚信。九二、九五居中当位，卦之中心，心实则诚孚。豚，小猪。豚鱼喻微薄之物。诚立人生，信创事业。卦为下兑上巽，有乘坐木船畅行无阻之象。中实有信，利于坚守正道。

（2）虞，安。燕，同宴，此指安宁。初得位，与六四应，安守则吉。有它，指心志不定，强有所求，则不得安宁。

（3）鹤，洁白美丽，雌雄相随，步行规正，情笃而不淫，古代多以喻德高望重的君子。和，音 hè，应和。爵，酒器，此指美酒。靡，共同。

（4）得，遇。罢，通疲，也有止的意思。六三心志不定，进退失据，张皇失措。

（5）几，将要。望，月圆满，阴历十五、十六月团圆。匹，匹配。六四承九五，舍初九，就像放弃自己原来所乘的马一样。虽良马失其配，但无灾殃。

（6）挛，音 luán，牵系。如，语气词。挛如，固结而不可解的样子。九五用诚信之德，集天下良才，共襄盛举，形成巨大的凝聚力与向心力。

（7）翰，赤羽的山鸡，又称锦鸡。后以翰音登天来比喻追求虚名，不务实际，丧失了诚信之道。

［品读］

中孚卦主要讲诚信之道。上兑下巽，如乘坐木船一样畅行无阻，还象征和悦谦逊、至诚为天下之根本。其要义有三：一要内柔外刚，内中虚无私，外待人以实；二要上下修睦，同心同德；三要刚柔有节，顺天应人，诚信化邦。"君子居其室，出其言，善则千里之外应之。言出乎身，加乎民。行发乎迩，见乎远"。（《象辞》）诚信相感，其凝聚力巨大。

孚信的光辉照天下。至诚"为能经纶天下之大经，立天下之大本，知天地之化育"。（《中庸》）初九虞吉，诚信而不轻信。轻诺必寡信，诺比黄金。九二阳刚充实，善言善行，力求同道应和。六三心神不宁，变动无常。六四当位得正，一心为公，虽失良配，亦不足憾。九五以诚信感召天下，聚集良才共创伟业。上九伪诚，徒有高声，信不及天下。惟诚结世人，众心附丽，事无不成，家无不立。

本卦卦体四阳二阴，五行属木，干支乙亥，时序十一月，卦主九二、九五，卦数二五，卦序六十一。象解：泽上有风曰中孚，顺昌和悦并无忧。推忠存信相为用，一切营谋百倍收。

八卦取象表

卦名	自然	家庭	特性	动物	身体	方位	季节
乾	天	父	刚健	马	首	西北	秋冬间
坤	地	母	柔顺	牛	腹	西南	夏秋间
震	雷	长男	震动	龙	足	东	春
巽	风	长女	进入	鸡	股	东南	春夏间
坎	水	中男	下陷	猪	耳	北	冬
离	火	中女	附丽	雉	目	南	夏
艮	山	少男	阻止	狗	手	东北	冬春间
兑	泽	少女	喜悦	羊	口	西	秋

小过（卦六十二）

（艮下震上）

小过：亨。利贞，可小事，不可大事。飞鸟遗之音，不宜上宜下，大吉。[1]

初六：飞鸟以凶。[2]

六二：过其祖，遇其妣。不及其君，遇其臣，无咎。[3]

九三：弗过，防之。从或戕之，凶。[4]

九四：无咎，弗过遇之，往厉必戒。勿用，永贞。[5]

六五：密云不雨，自我西郊。公弋取彼在穴。[6]

上六：弗遇，过之。飞鸟离之，凶，是谓灾眚。[7]

[译文]

小过卦象征稍有过越，可能亨通。利守正道，适合做小事，不适合做大事。犹如飞鸟过后留下的哀鸣声，不应向上飞，而应向下安栖，才能大吉。

初六：小鸟强要逆势向上飞行，有凶险。

六二：没有遇到祖父，却遇到祖母。没有遇到君主，却遇到大臣，无灾殃。

九三：虽无过失，也要防患未然。放纵会受到加害，凶险。

九四：没有祸患，不过分恃强恃刚就能遇到阴柔，但主动迎合阴柔就会有凶险。因此，一定要警惕自戒，不要施展自己的才用，而要永远保持中正的操守。

六五：浓云密布却没下雨，云从西郊升起，王公用系着绳的箭去射禽，从洞穴中获得猎物。

上六：没有随缘而遇合，去拜访他人，如同飞鸟自投罗网，实在凶险，这叫自找灾祸。

[通诠]

（1）小过，稍有过越，少许超过中道。古代以祭祀与战争为大事，其余为小事。可，宜。遗，留下。

（2）初，柔弱处下，宜向下栖息，不可好高骛远，力不从心，会坠落地下，遭遇凶险。

（3）妣，音 bǐ，祖母。过，探望。或解为错过。探望祖父未见，见到祖母也一样。本不该越过大臣见君主，均貌似错过，其实未错，自然无咎。

（4）弗，不。戕，音 qiāng，伤害。过，过越。防，防止。从，顺从。或解为放纵，亦可。

（5）往，主动迎合。戒，心存戒惕。勿用，不要施展自己的才用。九四刚居柔位，其位不正。

（6）弋，音 yì，古代指尾部系有丝绳的箭矢。

（7）离，通罹，罗网，也可解为遭遇或陷入罗网。灾，指天灾。眚，指人祸。

[品读]

小过卦讲的是稍有过越的问题。小者过，指小的方面犯错。小事过，指小事犯了错。犯小错，情有可原，因为人不可能不犯错，处小事还算亨通。行过乎恭，丧过乎哀，用过乎俭，都属于稍有过越，这些小的过越，都是吉利的。从卦象分析，四阴在外，二阳在内，阴多过阳，阴柔势力过于强盛，可做些谦慈柔惠的小事。做大事要有非凡的胆识，刚决果行，方可成功。个体处在阴柔之时，应量力而行，不可逞强好胜。但如果理解成大错不犯，小错不断，那就偏离了卦义。综观六爻，初不可远飞高举。六二虽当位，然上无所应，抓住小过宜下的主旨。九三不合时宜，盲从他人，有被戕害之凶。九四其位不正，但刚而能柔，只是行过乎恭，往而有厉。六五不能做施惠天下的大事，可做些有益于人的小事。上六乘刚逆上，志大而力不及，有灾眚。

本卦卦体二阳四阴，五行属木，干支壬子，时序正月，卦主六二、六五，卦数四七，卦序六十二。象解：山上有雷曰小过，恰如飞鸟留遗音。情如所过不甚远，舍大从微咎不侵。

万事皆有度，因人因事各不同，处小居柔小可过，大事过越有灾咎。

既济（卦六十三）

（离下坎上）

既济：亨，小利贞，初吉，终乱。⁽¹⁾

初九：曳其轮，濡其尾，无咎。⁽²⁾

六二：妇丧其茀，勿逐，七日得。⁽³⁾

九三：高宗伐鬼方，三年克之，小人勿用。⁽⁴⁾

六四：繻有衣袽，终日戒。⁽⁵⁾

九五：东邻杀牛，不如西邻之禴祭，实受其福。⁽⁶⁾

上六：濡其首，厉。⁽⁷⁾

[译文]

既济卦象征已经成功，能让小事亨通（因为成功是短暂的）。开始吉利，终有危险。

初九：牵引车轮（缓缓前进），狐狸过河时沾湿了尾巴，虽无法快游，但无咎害。

六二：妇人丢失了首饰，不用找寻，七天后会失而复得。

九三：殷高宗讨伐鬼方，三年才攻克下来（为什么如此艰难，原因是任用了小人），小人不可任用。

六四：渡河的时候，为了防止船漏水，事先要用破布败絮堵塞漏洞，并且时刻保持戒备之心。

九五：东邻杀牛盛祭，不如西邻普通的禴祭，以诚敬的态度来赢得神灵的福佑。

上六：渡河时水淹到了头部，有危险。

［通诠］

（1）既，已经。济，渡河。河已济，事已成。既济，已经成功。小，指六二阴为小，柔小得以亨通。但亨通成功并非永久，初为开始，初应六四，在互离之中，离为光明，故吉。九三应上六，上六在坎险之中，似有乱事，最终有危险。

（2）曳，音 yè，牵引，控制车轮运行的方向与速度。濡，沾湿。沾湿尾巴，喻行动受到限制，不能迅速渡河。在事成之始，不可急躁冒进。

（3）丧，丢失。茀，音 fú，首饰。逐，找寻。

（4）高宗，殷王，名武丁。鬼方，西羌的少数民族。克，胜。小人勿用，不要任用小人。

（5）繻，通濡，沾湿。袽，音 rú，破敝的衣服，破衣败絮。六四出离入坎，济道将要变革。坎险在前，须终日戒备，方能顺利前行。

（6）东邻，东边的邻邦，指上六。杀牛，指杀牲盛祭。西邻指九五。禴，音 yuè，夏四月举行的对祖先的薄祭（仅用饭菜）。内在的德行重于外在的形式。西邻的夏祭合乎礼的规定，适时适度，祈求福泽时内心虔诚，节用不劳民。

（7）濡，沾湿，此指被水淹没。首，头。厉，危险。

［品读］

既济卦讲的是如何对待成功的问题。本卦的特征是三刚三柔，位当且正，是六十四卦中唯一六爻皆正的卦象。火在水下，象征烹饪成功。初爻"曳轮"莫冒进，二爻丧茀不用寻，三爻小人不可用，四爻仍须终日戒，五爻禴祭实受福，六爻濡首，穷极而凶。奉常处变为易之道。既济为此次循环的终点，又是下个新循环的起点。终止则道穷，道穷则乱生。对待成功，对待胜利，切不可忘乎所以。居功思危，守成惟艰。卦强调居安思危，其忧患意识跃然纸上。

卦体三阳三阴，五行属水，干支癸未，时序十月，卦主六二，卦序六十三。象解：水火相因为既济，原来有始却无终。防微杜渐无忧患，大者虽穷小者通。

既济卦以已经渡河为象说明事情暂时告一段落。而历史、社会、人生则是由一幕幕独幕剧组成的多幕剧，这个独幕剧虽然暂时落下帷幕，另一场新的剧目即将开幕。如果说乾坤两卦只是序幕，中间的六十卦就是开端、发展、高潮，而六十三卦的既济就是成功的结局。历史上众多的仁人君子以自强不息、厚德载物、宽容仁爱的博大精神步入历史舞台，经过万物初生，蒙昧草创时期，君子只能守正待时，亲比不同，畜止刚健，依礼而行。上下志同，三阳开泰，泰极否至，小人道长，君子道消。但君子善与人同，处乐思忧，择善而从，拯弊治乱，观国之光。依法治国，顺时待变。结果一阳来复，无妄守正，蓄德养贤，自求口实，挽狂澜于既倒，历险克难，浴火重生，感化万物，持之以恒，韬光养晦，守正上行，内明外顺，消乖求合，共克时艰。损己利人，益世济民，以正聚人，柔以时升，井养不穷。变革以时，革言三就。汤武革命，顺天应人。革故鼎新，震往来厉，时止时行，循序渐进。天地大义，归宿之期。强盛丰大，守柔持正。顺势而为，和谐相处。文采焕然，节之有度。孚信万邦，处下居柔。久经历练，道路坎坷，高潮迭起，困而求通。穷则变，变得通，通则久。经风雨见彩虹，终于达到稳定和谐的状态，表现了强大的生命力与创造力，是集大成的理想境界。在盛世顺境中须保持清醒，居安思危。安而不忘危，存而不忘亡，治而不忘乱。处危虑深，居安意易怠，患常生于怠忽。慎守成，防终乱。"时方云既济，遽进却非宜。思虑惟能谨，灾消福有余"。（邵雍《邵子易数》）"立天之道，曰阴与阳；立地之道，曰柔与刚；立人之道，曰仁与义"。（《说卦传》）天道、地道、人道是天人一体的三纲领。这也是宏观宇宙发展学。凡成功之道，须遵循这一总的发展规律。

未济（卦六十四）

（坎下离上）

未济：亨。小狐汔济，濡其尾，无攸利。[1]

初六：濡其尾，吝。[2]

九二：曳其轮，贞吉。[3]

六三：未济，征凶，利涉大川。[4]

九四：贞吉，悔亡。震用伐鬼方，三年，有赏于大国。[5]

六五：贞吉，无悔，君子之光，有孚吉。[6]

上九：有孚于饮酒，无咎。濡其首，有孚失是。[7]

[译文]

未济卦象征尚未成功，但还有亨通的可能。也就如小狐渡河，几乎快要到达岸边，尾巴还是掉进水里一样，没有什么好处。

初六：小狐渡河，水湿其尾，叫人吝惜。

九二：拖着车轮，使其缓进，持正则吉。

六三：事情尚未成功，急于前进，徒步涉水，凶险。利用舟船方能渡河。

九四：守正则吉，悔恨消失。季历讨伐鬼方，三年成功，受到商国的赏赐。

六五：守正则吉，没有悔恨，君子的光辉在于心怀诚信，吉利。

上九：满怀诚信地与他人举杯庆贺，无咎害。若饮酒过度，毫无节制，就如小狐渡水，沾湿了头部一样，即使讲信用，也丧失了正道。

［通诠］

（1）未济，渡河未成，喻行事尚未成功。离上坎下，火往上烧，水在火下流，上下相背，水火不容。九二、六五虽失位，但刚柔相应。未济中包含既济。狐性多疑，且尾大。老狐多疑可能不渡，小狐无知，渡河湿尾，半途而返，终不可济，毫无好处。汔，音 qì，接近。

（2）初六居坎下，小狐弱而无力，不能渡河。初六所应在九四，四爻处坎险之中。初六无知无能，处险不知，急于冒进，湿尾之吝，自然在情理之中。

（3）拖曳车轮，让其缓进，谨慎守中，克制自己，故吉利。曳，牵引。

（4）六三处两坎之中，险中有险，水深湍急，徒步渡河，必遇凶险。若凭借舟船，利越大河。

（5）以阳刚之体，居近君之位，有匡世济难之责。九四动而变正，进入上卦离明，光明在前，成功在望。故贞吉悔亡。震，周王季历的别名。季历伐鬼方，经过三年苦战，终于取胜，受到隆厚的封赏。

（6）六五柔居离中，实应为卦主，又与六二相应，有文明光辉之象，诚信中和之德。刚柔并济，和谐适中，既济指日可待。

（7）上九是本卦上爻，既济的初爻。初九濡其尾未济，上九濡其首，首尾相接，既济与未济相综。是，正。失是，失正。失去节制，濡其首。济于始，乱于终（既济）；乱于始，必济于终（未济）。

［品读］

未济卦讲的是如何对待尚未成功的事。成功是起点，尚未成功并非终点，而是新事业成功的起点，终始相续，生生不已。成功隐藏失败，失败是成功之母。事业无止境，追求无终点。未济卦下三爻处于坎险之中，上三爻处于离明之中。初爻小狐汔济，自不量力，功败垂成。九二曳其轮，审时度势，知道节制。六三处险不惊，借助外力，利涉大川。九四遇外敌侵犯，决然奋战，有赏于大国。六五体禀光明，刚柔相济，坚守正道，终获吉祥。上九放纵酗酒，玩物丧志，失去正道。靡不有初，鲜克有终。未济未必能转化成既济。人生无百分之百的完美，只有缺陷之美。

卦体三阳三阴，五行属火，干支甲辰，时序十一月，卦主六五，卦数三六，卦序六十四。象解：坎离未济相违象，凡事先难后易成。未济虽然终必济，安静沉着待时机。

　　未济卦告诉我们：世上万事万物生生不息，变化无穷，没有一劳永逸的成功，应以未济为起点，去追求新的成功。未济卦的不利因素是阴阳错位，象征人不能尽其才，物不能尽其用。它的有利因素是上下刚柔比应，关系融洽，凶少吉多。如何化消极因素为积极因素呢？分析其成败原因是关键一环，初六因冒进而终未进，九四艰苦卓绝，敢于担当，有匡时济世之责，经三年苦战终获成功。六五光明诚信，具备成功的必要条件。上九晚节未保，有失正道，失败已在情理之中。未济是未穷，未穷是生生不已。"未济终焉心缥缈，百事翻从缺陷好。吟道夕阳山外山，古今谁免余情绕。"（龚自珍《己亥杂诗》）初然未济终必济，失败之中有成功。渡川如得岸，必待济江舟。未济终必济，先危后见亨。佳音来自吉，立尽五更风。阴阳相荡、相摩、相推是互相转化，充满无限生机的过程，是事物不断变化发展的过程。新陈代谢，吐故纳新，"苟日新，日日新，又日新"，日新大化，日新其德。人类社会的物质和精神文明建设不断地向新的高度发展。人们必须认识、适应"唯变所适"的普遍发展规律。成即未成，生生不已。未济必济，先难后易。心正事可成，瓜熟蒂必落。

附　录

《周易》本经文化知识举隅

据李镜池先生统计，《周易》本经中关于行旅一百条，战争九十条，祭祀二十条，饮食三十余条，渔猎十九条，牧畜十七条，婚媾十八条，家庭生活二十余条，疾病七条，讼狱十余条，历史事件五条，还有民歌、民谣、哲理格言等。

一、自然现象

丰其蔀，日中见斗。（丰六二、九四）这是世界上最早的关于太阳黑子的记载。

震来厉，亿丧贝。（震六二）

日昃之离，不鼓缶而歌，则大耋之嗟。（离九三）

二、政治现象

大君有命，开国承家，小人勿用。（师上六）

何校灭耳，凶。（噬嗑上九）

观国之光，利用宾于王。（观六四）

三、古代战争

高宗伐鬼方，三年克之。（既济九三）

师出以律，否臧，凶辞。（师初六）

不宁方来，后夫凶。（比卦辞）

四、关于农业

改邑不改井，无丧无得。（井卦辞）

既雨既处，尚德载。（小畜上九）

不耕获，不菑畬。（无妄六二）

五、牧畜

畜牝牛，吉。（离卦辞）

良马逐，利艰贞。（大畜九三）

丧牛于易，凶。（旅上九）

六、关于商旅

旅焚其次，丧其童仆。（旅九三）

过涉灭顶，凶。（大过上六）

大车以载，有攸往。（大有九二）

七、历史事件

王用享于岐山。（升六四）

帝乙归妹，以祉，元吉。（泰六五）

中行告公，从，利用为依迁国。（益六四）

八、婚姻习俗

归妹以须，反归以娣。（归妹六三）

枯杨生华，老妇得其士夫。（大过九五）

乘马班如，求婚媾。（屯六四）

九、祭祀占卜

王假有庙……用大牲，吉。（萃卦辞）

原筮，元永贞，无咎。（比卦辞）

初筮告，再三渎，渎则不告。（蒙卦辞）

十、疾病医药

无妄之疾，勿药有喜。（无妄九五）

艮其限，列其夤，厉熏心。（艮九三）

系遁，有疾厉。（遁九三）

十一、伦理思想

谦谦君子，用涉大川，吉。（谦初六）

不恒其德，或承之羞。（恒九三）

弗损，益之，无咎。（损上九）

十二、民歌民谣

鸣鹤在阴，其子和之，我有好爵，吾与尔靡之。（中孚九二）

出入无疾，朋来无咎。反复之道，七日来复。（复卦辞）

三人行，则损一人；一人行，则得其友。（损六三）

十三、哲理格言

无平不陂，无往不复。（泰九三）

其亡其亡，系于苞桑。（否九五）

虎视眈眈，其欲逐逐。（颐六四）

—— （唐明邦《天人之学——唐明邦自选集》）

《周易》中常用的成语

自强不息	厚德载物	见仁见智	防患未然	群龙无首
同心断金	物以类聚	乐天知命	鼓缶而歌	履霜坚冰
谦谦君子	见几而作	见微知著	与时俱进	即鹿无虞
夫妻反目	言之有物	殊途同归	任重道远	拔茅连茹
金兰之好	思不出位	防微杜渐	忧患意识	穷变通久
安土敦仁	一阳来复	否极泰来	剥复之机	枯杨生稊
穷则思变	硕果仅存	突如其来	无妄之灾	枯杨生华
不速之客	匪夷所思	穷神知化	原始反终	羝羊触藩
大快朵颐	三阳开泰	九五之尊	革故鼎新	求同存异
止恶扬善	洗心革面	上交不谄	下交不渎	日中则昃
冶容诲淫	慢藏诲盗	顺天应人	云行雨施	神道设教
虎视眈眈	翰音登天	经纶济世	结绳而治	日月丽天
生生不息	一谦四益	物极必反	居安思危	月盈则蚀
求同存异	韬光养晦	义结金兰	殊途同归	赦过宥罪
潜龙勿用	朝潜夕惕	飞龙在天	亢龙有悔	惩忿窒欲
风行水上	进德修业	同声相应	同气相求	风云际会
知几其神	龙吟虎啸	进退存亡	积善余庆	一朝一夕
触类而长	触类旁通	极深研几	开物成务	穴居野处
知来藏往	探颐索隐	钩深致远	言不尽意	神而明之
穷则思变	一致百虑	寒来暑往	治乱兴亡	思过半矣
彰往察来	穷理尽性	数往知来	穷大失居	泰极而否
中馈乏人	日往月来	诲淫诲盗	遏过扬善	风从虎云从龙

主要参考书目

《十三经注疏》，中华书局1980年版。

陈德述，《周易正本通释》，巴蜀书社2013年版。

陈居渊，《周易今古文考证》，商务印书馆2015年版。

邓秉元，《周易义疏》，上海古籍出版社2011年版。

高亨，《周易大传今注》，齐鲁书社1970年版。

郭彧，《易文献辨诂》，北京大学出版社2013年版。

黄怀信，《周易本经汇校新解》，清华大学出版社2014年版。

姜广辉，《易经讲演录》，中华书局2013年版。

（清）李光地纂，刘大钧整理，《周易折中》，巴蜀书社2010年版。

廖名春，《周易经传十五讲》，北京大学出版社2014年版。

刘君祖，《详解易经系辞传》，上海三联书店2015年版。

尚秉和、常秉义，《周易尚氏学》，光明日报出版社2006年版。

（宋）邵雍，《梅花易数》，九州出版社2012年版。

孙熙国、董艺，《大道之源：〈易经〉》，中国民主法制出版社2010年版。

唐明邦，《天人之学——唐明邦自选集》，中央编译出版社2013年版。

唐明邦，《周易评注》，中华书局2009年版。

（魏）王弼撰，楼宇烈校释，《周易注校释》，中华书局2010年版。

杨军，《十八名家解周易》，长春出版社2008年版。

杨军，《周易今读》，上海人民出版社2015年版。

杨树达，《周易古义·老子古义》，吉林人民出版社2013年版。

杨天才、张善文，《周易》，中华书局2010年版。

张善文，《周易：玄妙的天书》，上海古籍出版社2008年版。

周山，《周易解读》，上海辞书出版社2011年版。

周振甫译注，《周易译注》，中华书局2012年版。

后　记

　　《周易本经通诠》得以付梓，赖明慧、明静之力，加之出版策划鼎力相助，本书编辑黄瑞丽女士审读斧正，在此一并感谢。退休后写了人生三题，留下了印记，特此见教方家。

人生三题（之一）

吾本荆楚教书匠，倏尔融入礼仪邦。惭为人师五十载，愧对江东八百年。
号称特级名实已，老马识途何须鞭。否极泰来是天道，日月星辰应亦然。

人生三题（之二）

人生不学易，百岁尚枉然。文明共生处，乾元存其间。
强干弱枝易，溯源追本难。大道唯至简，纯真效法天。

人生三题（之三）

欣逢安平乐悠悠，耄耋之年何所求。文章难当经国事，歌诗岂为稻粱谋。
含英咀华医枯涩，浩然正气治百端。久旱恰逢春喜雨，易道如天降霖甘。

鲍子君

二〇一五年八月